La
Condition Sociale

DES

INDIGÈNES ALGÉRIENS

PAR

Henry DRAPIER

———•———

PARIS

Ar. ROUSSEAU, Éditeur

14, Rue Soufflot

ALGER

Ad. JOURDAN, Éditeur

4, Place du Gouvernement

———

1899

LA

CONDITION SOCIALE

DES INDIGÈNES ALGÉRIENS

DU MÊME AUTEUR:

———

Essai sur quelques réformes judiciaires.
De la compétence des tribunaux français en Tunisie.
Étude sur le partage et la vente des biens de mineurs.
De l'action de la France.
La magistrature algérienne et l'inamovibilité.

———

La
Condition Sociale
DES
INDIGÈNES ALGÉRIENS

PAR

Henry DRAPIER

PARIS

Ar. ROUSSEAU, Éditeur

14, Rue Soufflot

ALGER

Ad. JOURDAN, Éditeur

4, Place du Gouvernement

1899

LA
CONDITION SOCIALE
DES INDIGÈNES ALGÉRIENS

AVANT-PROPOS

A notre époque à la fois inquiétante et féconde, pouvons-nous ignorer l'agitation douloureuse des classes inférieures dont les frémissements se révèlent intenses ?

Au milieu des aspirations hardies qui montent et débordent sur l'humanité ; parmi les visions trompeuses qui affolent les âmes naïves, oserions-nous froidement dédaigner les palpitations de vie qui se manifestent chez ceux qui souffrent.

La sincérité des plaintes de la foule sans distinction de races, se mêle aux enthousiasmes vibrants de ceux qui l'entraînent vers ce rêve de bonheur qu'ils croient avoir entrevu. Cependant le grand problème de la destinée, secrète préoccupation des hommes d'aujourd'hui, ne saurait être la réalisation de la fraternité absolue, pas plus que la brusque accession au modèle économique de ceux qui observent et veulent, par la raison, dégager les prémisses d'une organisation meilleure.

Ce siècle qui s'éteint nous laisse troublés par des idées nouvelles qui passionnent les esprits et leur suggèrent de consolants espoirs de rénovation.

Que d'admirables et viriles pensées s'élèvent de tous les milieux épris de justice. Que de légitimes revendications chez ceux qui dédaignent les décevants sophismes pour travailler à l'atténuation effective des misères humaines avec cette intuition persistante que seule donne la foi.

Quand notre génération s'éprend de pitié pour les faibles, chacun ne doit-il pas dans sa sphère, sous toutes les latitudes, s'associer à l'œuvre et s'efforcer d'étendre le champ d'action des vérités qui mènent au perfectionnement social.

Aux doctrines extrêmes et aux illusions de ceux qui s'égarent, faut-il opposer le découragement d'une résignation égoïste.

Non certes, sans adopter les séduisantes théories qui ne sont qu'une transition sur le chemin de l'avenir, comptons sur le bon sens pratique pour réaliser de légitimes espérances.

L'idéal consiste à faire aimer la vie par ceux qui désespèrent, et à préparer la destinée des races attardées qui accèdent à la civilisation.

Sous tous les climats cherchons à atténuer les infortunes, éclairons les masses pour épurer leurs goûts, relevons par la prévoyance et l'assistance les hommes

capables d'un effort personnel, accroissons la somme
d'aisance, réalisons la diffusion du bien-être et faisons
connaître le prix de joies sans amertume aux déshé-
rités que la nature a placés plus bas que nous.

Qu'importe si notre activité se manifeste en vain.
L'enthousiasme pour les pensées généreuses est l'ex-
pression la plus pure de nos traditions. Stériles, folles
ou fertiles les tendances optimistes apparaîtront toujours comme un sourire du Génie français.

INTRODUCTION

Le développement d'une race par la culture intellectuelle constitue un problème d'éducation sociale
rencontré maintes fois dans l'histoire qui est une
longue suite de luttes pour le progrès. Nous nous
proposons d'étudier successivement les divers aspects
sous lesquels on peut envisager une société que nous
espérons voir régénérer, en nous appuyant sur l'analogie de son passé avec le présent. Nous voulons
examiner la vie du peuple indigène considéré en lui-
même et comparé aux peuples dont il a subi l'influence. Le rôle qu'il a rempli dans l'histoire et
l'affinement de ses mœurs par les institutions nous
intéressent, parce que, après avoir considéré ce peuple individuellement à une époque déterminée, nous
tenterons de dégager les rapports juridiques univer-
sels ne dépendant ni de la religion, ni de la race.

La vie sociale en reconstituant la direction des réformes accomplies, nous montre à côté des principes
nettement fixés, les tendances qui déterminent le
caractère du développement.

Le but du progrès étant de rendre les hommes plus
libres et plus heureux, l'intérêt général impose une
restriction aux aspirations personnelles. La civilisation par suite ne peut être qu'une coopération des

hommes soumis à des lois impératives qui dirigent l'impulsion.

Un système d'institutions donnant les garanties indispensables à l'activité économique permet seul à l'élément dirigeant de faire mouvoir par contrainte, l'élément arriéré pour lequel le bien-être matériel constitue la condition nécessaire de toute amélioration.

L'organisation politique et juridique doit frayer la voie au développement qui dépend de la ténacité du peuple supérieur et de la force des engagements mutuels déterminés par le droit. L'obstacle se trouve dans les coutumes, mais par des prescriptions légales qui traduisent les vrais principes de justice, on consolide un état social basé sur la solidarité.

L'évolution obéit à un courant que nous voudrions entrevoir par la recherche des actes réalisés antérieurement.

Ce mouvement qui se produit pour tous les organismes vivants : famille, tribu, nation, race, espèce, embrassant l'humanité entière, montre clairement le besoin de coopération pour améliorer la condition sociale.

Participant à un même milieu, quoique d'origine distincte, les individus doivent s'efforcer d'arriver à une perception complète des liens qui les rattachent à la communauté du but.

Que l'évolution soit irrégulière et accentuée par des luttes, que sa marche suive un mouvement continu, le progrès comporte des oppositions et des conflits qui font naître l'émulation.

Les passions humaines par exemple sont des causes perturbatrices dont on parvient à diminuer l'acuité. La volonté collective est aussi un facteur qui rend plus sûre et plus rapide la réalisation de l'idéal. Actuellement bien des causes qui enrayent et agissent puissamment n'intervenaient pas dans le passé.

Par quelles formes législatives secouerons-nous la torpeur de ces Orientaux ? Comment donnerons-nous l'impulsion à cette société jadis civilisée ? Serons-nous moins hardis que les Romains ou les Phéniciens et oserons-nous assister à la dégénérescence d'un peuple, sans étudier son mal, sans tenter de provoquer sa rénovation ?

Ce groupement de Sémites et d'Aryens réunis sur un même sol est-il susceptible d'une pénétration intime sous l'action de celui qui dispose d'une force d'expansion plus grande ? Tels sont les problèmes que nous entrevoyons sous un aspect complexe.

On peut facilement admettre que la communauté d'origine facilite la fusion et ne pas croire que l'antagonisme de races forme une barrière qui endigue tout courant d'unification. Des changements dans la structure d'une société s'obtiennent toujours par le contact, quand des besoins nouveaux poussent l'élément inférieur à s'associer à l'élément plus élevé qui finit par l'absorber. Avec une même vie et des intérêts communs, amenés à parler une même langue, deux peuples, dont l'un est de civilisation moins avancée, ne sont pas irrémédiablement séparés parce qu'ils se heurtent à des coutumes séculaires.

L'histoire le démontre : en Autriche, notamment, Hongrois et Allemands, sous l'effort des institutions qui aident au rapprochement, se sont assimilés, bien que gardant chacun leur individualité distincte. N'y a-t-il pas aujourd'hui fusion entre les Slaves orthodoxes et les Tartares musulmans.

Habitudes, mœurs, sentiments, langage et parfois même religion, se transforment par les rapports que rendent fréquents les facilités de communication.

Les races nègre aux Antilles, chinoise au Japon, ont prouvé qu'elles n'étaient nullement réfractaires à la civilisation européenne.

Pourquoi donc des Sémites et des Aryens dont les dissemblances sont moins nettement accentuées, ne formeraient-ils jamais un groupement offrant une certaine cohésion sans être l'assimilation absolue ! Il est acquis que le degré de civilisation des Berbères à des époques différentes, a toujours dépendu du degré de développement des peuples conquérants.

Ce principe accepté, si nous voulons créer des liens nouveaux par la force intellectuelle substituée à l'asservissement brutal, demandons au passé, par la méthode comparative, des indications sur l'origine et le développement des deux types d'hommes qui composent le groupe. Observons les faits accumulés depuis plus de dix siècles, ils fournissent d'inéluctables données sur les affinités et les ressemblances.

Les principaux facteurs de l'évolution se trouvent dans l'organisation des services qui sauvegardent les intérêts publics et privés.

La sécurité à l'intérieur, la protection sur les frontières, l'entente entre les producteurs, la répression des fraudes, l'accroissement de la solidarité sont des questions étroitement enchaînées, présentant un intérêt général qui implique l'uniformité de législation vers laquelle on peut s'acheminer par une série de formes transitoires.

Affranchir simultanément tous ceux qui font partie d'un même ensemble ; ne voir que des hommes dont la coexistence est réalisable ; sentir le besoin de leur collaboration et poursuivre l'unité que nous pressentons, par l'amélioration de la vie matérielle ; développer les échanges et le travail commun ; affermir l'ordre et faire l'éducation de la masse à l'aide d'un système législatif destiné à devenir le grand régulateur du progrès ; tel est le but.

Pour imposer ou faire accepter sa civilisation à un peuple de culture rudimentaire, la nation qui détient déjà la supériorité militaire dispose de trois principaux moyens d'action : la Religion, l'Éducation, les Institutions.

Persuadé que les Musulmans n'adopteront jamais nos croyances, comme moyen de transformation, nous étudierons l'un des éléments fondamentaux de la civilisation : « les Institutions » afin de prouver qu'il est possible à un peuple d'accomplir par étapes et phases intermédiaires une évolution lente et utile.

Deux races fort différentes, Arabes et Berbères, se présentent appuyées sur des traditions vieillies qui s'altèrent dans le milieu nouveau qui les entoure.

Ce rôle d'éducateur et de modèle que nous pouvons jouer conduit à la fusion des divers facteurs de progrès compatibles avec les besoins, les aptitudes, la constitution morale et le développement intellectuel de la race à influencer.

Que les modifications s'imposent par la force ou par la persuasion ; que le peuple arabe fasse même subir aux institutions des changements profonds ; par le fait seul d'emprunter quelques éléments d'une civilisation étrangère, fatalement, avec les années et le travail des générations, il sera appelé à se transformer.

Exercer les activités à réduire l'intensité des misères et les inégalités de condition que présente la société indigène ; embrasser aussi dans nos aspirations les améliorations morales qui en sont la conséquence rationnelle, n'est-ce pas au fond faire du véritable socialisme ? Oui, convenons-en, c'est bien se rallier au mouvement caractérisé qui porte aujourd'hui les esprits vers des revendications répondant aux idées d'altruisme qui tempèrent les suggestions de l'intérêt personnel. C'est envisager le système socialiste non dans ses théories restrictives de la liberté, mais en ce que cette doctrine est l'affirmation de la prépondérance des intérêts généraux et collectifs. Épris de civilisation nous concevons une politique de rapprochement et nous avons le pressentiment d'un régime de conciliation issu de mesures judicieuses.

De réconfortantes préoccupations s'associent à d'autres pensées plus élevées qui succèdent à la brutalité des instincts. L'excessive âpreté inhérente à la manifestation des sentiments humains ; l'égoïsme des classes dirigeantes et certaine impression d'individualisme dont beaucoup ont conscience vont chaque jour s'atténuant pour faire place à la prévision d'un idéal de solidarité.

En même temps que chez nous les vérités économiques se dégagent, les initiatives s'affirment moins hésitantes, chacun s'intéresse aux divisions sociales entre lesquelles on déplore un écart trop considérable et les mêmes hommes ne sauraient se montrer moins soucieux de la condition de ceux qui, pour appartenir à une autre race, ne méritent pas moins de voir imprimer à leur état social une poussée en avant.

Oublieux de la chute du Bas-Empire, de l'effondrement d'une civilisation accumulée par la Grèce et par Rome, les fils des barbares qui occupèrent la Gaule refuseront-ils à la masse indigène le droit de se fortifier ?

En face de la nature dont elle ne cherche pas à accroître l'action, car elle ignore en partie ses ressources, cette race désœuvrée garderait le dernier rang comme patrimoine éternel ! Nul désir ne viendrait aux conquérants de pénétrer cette société pour l'amener à rompre avec des préjugés qui l'attachent aux traditions stériles. Des Français ne sauraient admettre que d'autres hommes concourent aussi à la production et au développement des énergies latentes, au gré de l'utilité générale ?

D'après le droit des gens, nous aurions simplement

fondé un établissement dans un pays arriéré resté en dehors de notre sphère d'action si notre clairvoyance ne nous défendait de voir uniquement dans notre entreprise, l'expansion commerciale ou la mise en valeur des terres. Une préoccupation d'ordre économique s'allie à l'idée de pénétration des populations d'un degré inférieur de civilisation, car le rayonnement moral est la caractéristique de la conception contemporaine du phénomène de la colonisation.

Au regard d'un peuple difficile à incorporer, l'élément humanitaire et l'action intellectuelle d'une nation comme la France doivent se manifester dans la législation qui réglemente les activités individuelles, afin d'aboutir à une assimilation partielle, faite de solidarité et de fusion des intérêts.

L'esprit moderne nous porte donc à diriger nos études du côté d'une société déshéritée qui peut sortir de son apathie, s'affranchir et vivre d'une vie plus prospère, malgré son origine ethnique différente.

Nous répudions les théories désespérantes des protagonistes de la politique d'abstention, pour lesquels notre colonie ne saurait être qu'une juxtaposition d'hommes, tous soumis aux mêmes obligations, mais ayant une existence et des destinées propres.

En dépit des sceptiques qui taxent d'aberration ou d'utopie toute tentative de développement des intérêts indigènes dont nous assumons la charge, si vraiment nous avons le souci de l'avenir d'un peuple résigné, nous sommes fondés à entrevoir le régime qui dissipera graduellement la crise de transition devant laquelle nous ne saurions demeurer spectateurs impassibles.

Cette entreprise généreuse poursuivie avec tolérance, sans lassitude, provoquera l'avènement d'une époque de concorde entre les citoyens de la nation rénovatrice et ses sujets qui auront appris à l'aimer.

Se désintéresser serait immoral et pour cela même, sans rêver une conception trop élevée, attendant tout des institutions, la France deviendra l'organe du rapprochement, et l'instrument destiné à provoquer quelque chose de mieux que le présent.

L'État dans son rôle de surveillant et de conseiller, par son action directrice des fonctions économiques, a toutes facilités pour tracer. au moyen d'une organisation très large, le cadre où les individus devront se mouvoir.

Seul le gouvernement dispose d'un levier puissant et peut réaliser l'effort utile vers la mise en valeur des terrains incultes, la diffusion des produits, l'atténuation des inégalités trop criantes et tout ce qui peut tendre à améliorer la vie physique des indigènes.

L'État qui réalise une concentration de moyens efficaces peut substituer son initiative et sa réglementation dans la surveillance des besoins collectifs. Sa tutelle sous mille formes stimule l'activité individuelle et son domaine embrasse tous les systèmes de contrainte destinés à assurer le progrès.

N'hésitons pas à analyser l'organisme antérieur de ce peuple, la législation comparée nous fera discerner ce qu'il a de perfectible, car rien n'est absolu dans

le domaine des institutions qui naissent autant de la
situation locale que du caractère des habitants. L'histoire positive nous fournira des notions exactes sur
l'origine, la structure, les croyances, les besoins et la
destinée de la société indigène.

Dans le renouvellement successif de son état politique, dans les crises mêmes de sa vie économique,
peut-être entreverrons-nous le mode de gouvernement le mieux approprié ; peut-être trouverons-nous
les principes ou les formules des constitutions susceptibles de déterminer une direction effective vers
le mieux.

Inspirons-nous des faits relevés dans le passé pendant et depuis l'époque romaine ; l'étude des réalités
et des expériences probantes nous apprendra plus
que les théories spéculatives. Nous arriverons à déterminer la relation qui existe entre les états antérieurs et l'état actuel, si nous savons traduire exactement les leçons de l'histoire et les documents fournis
par la statistique.

Certes, pour opérer une transformation que l'influence seule de notre contact ne suffirait point à réaliser, il nous faut compter sur l'efficacité des prescriptions politiques, judiciaires, administratives et
économiques, puisqu'elles déterminent la constitution du milieu social au sein duquel les individus se
développent. Un établissement durable ne saurait se
fonder entièrement sur la force ni être uniquement
l'œuvre de la raison, tandis que les institutions qui
sont conformes aux besoins et dérivent surtout des

intérêts se modifient sous l'effort continu des générations et transforment l'édifice social.

Convient-il que la France, à côté de son expansion
coloniale vise l'initiation de l'indigène à notre civilisation ? Faut-il au contraire que, par une politique
étroite, nous frappions d'ostracisme un peuple que son
insouciance, son ignorance et des préjugés invété-
rés ont trop longtemps voué à une existence déshéritée ?

Ce serait forfaire à notre mission tutélaire que de
repousser comme chimérique une question qui se
rattache à des intérêts collectifs et d'ordre public.

Après la conquête par les armes commence la
conquête par les idées : la conquête morale par la législation, qui vient identifier les droits, et constitue
la réalisation de l'unité.

Des siècles d'arbitraire, de despotisme brutal et
d'oppression cupide ne permettaient guère à ce peuple de s'affranchir de ses instincts vulgaires.

Encore imprégné de tendances hostiles puisées
dans un milieu réfractaire, il s'est contenté de nous
supporter, de nous subir, puis l'horizon s'est étendu.
Sa vie intime, ses usages et ses traditions ont été en-
tamés sans contrainte par une influence ambiante
qui le fait sortir d'une déplorable immobilité pour
l'attirer insensiblement à nous.

Un souffle de régénération entraîne les vaincus qui
ne sauraient d'un bond s'élever à la compréhension
d'une forme d'organisation si distincte de la leur.
Pour les initier à notre vie civile et mieux faire com-

prendre nos aspirations nous devons supporter quelques erreurs et assurer la liberté de conscience. On serait mal fondé à nier l'action contagieuse déterminée par l'exemple de notre force et la pratique de nos habitudes. J'accorde sans peine que, pour affilier l'indigène à notre égalité civile, l'attacher à notre vie, à nos prérogatives, à nos charges, et provoquer l'union par les institutions, une époque ne saurait être déterminée. Absorber un peuple, ou simplement l'inféoder à ses destinées suppose une préparation longue de plusieurs siècles, car dans la voie de l'assimilation, rien ne s'improvise.

MÉTHODE

Afin de mieux connaître les organes vitaux du peuple indigène, pour déduire les règles et les pratiques qui provoqueront sa régénération, il faut sortir des abstractions et s'appuyer sur des constatations expérimentales.

Quels sont les moyens d'action déjà mis en œuvre et qui peuvent être perfectionnés ? tel est le sujet que nous tenterons d'approfondir en nous basant sur des données probantes.

C'est d'abord à l'économie politique que nous emprunterons ses procédés de recherches.

Pour examiner une question sociale, relativement à un pays quelconque, il est nécessaire de s'appuyer sur la critique historique et sur des faits tangibles afin de s'élever par l'induction à un enseignement pratique. On peut ainsi découvrir les règlements les plus conformes aux traditions, au tempérament et aux besoins de tel peuple. Cela revient à rechercher la vérité, les lois économiques, ou mieux les régularités, en repoussant le plus souvent le raisonnement *a priori* qui part d'une hypothèse. La méthode logique a trop peu de rapports avec la réalité pour que nous admettions ses postulats.

Les positivistes sont convaincus que sur le terrain économique, comme parmi les animaux, dans la lutte pour l'existence, les races moins fortes doivent être fatalement écrasées par des races mieux douées, à moins cependant que l'État n'intervienne pour donner à chacun la part qui lui revient. C'est l'idée de Darwin qui invoque la loi naturelle et cependant repousse toute organisation, toutes entraves.

N'est-ce pas méconnaître que la civilisation est tout l'opposé de l'état de nature contre lequel elle lutte. L'homme n'est point par essence bon et raisonnable, aussi n'est-ce pas trop de tous les freins, tels que les lois, pour le plier aux exigences de l'ordre social.

Nous ne pouvons nous rallier à ce fatalisme de l'évolution qui n'admet pas le libre arbitre et soumet le développement progressif des sociétés aux lois régissant la matière.

Nous repoussons surtout la théorie des lois naturelles, parce qu'elle supprime tout idéal à poursuivre.

Préconiser l'intervention de plus en plus accentuée de l'État, c'est assez dire que malgré la tendance actuelle à s'inspirer des doctrines biologiques dans toutes les études sociologiques, nous ne sommes pas convaincus d'une analogie complète entre les fonctions de la société et celles des êtres organisés.

Nous ne déduisons pas, comme conclusion du système déterministe de Spencer, que l'organisation des sociétés soumise aux lois de la vie physique, passe forcément à la suite de modifications naturelles, par certains développements successifs et supérieurs qui accentuent l'individualisme et provoquent une régression du véritable agent de progrès : l'État considéré comme organisme central et puissance directrice.

Opposé aux doctrines collectivistes, nous adoptons les vues de l'École socialiste, de la chaire en réclamant la tutelle accentuée du gouvernement parce que la législation doit corriger l'ordre économique.

La science observatrice et inductive nous paraît surtout convenir ; ses données positives nous feront mieux approfondir l'évolution de la société indigène et ce qu'elle est aujourd'hui. Nous dégagerons ensuite les réglementations compatibles avec un développement normal portant sur tous les éléments de la vie.

La disposition systématique des phénomènes contemporains et l'investigation historique sont fécondes.

Elles nous donnent l'enchaînement des observations et permettent d'apprécier les choses au point de vue matériel et moral. Nous suivrons les disciples de Le Play, en ce que, de faits enregistrés et analysés nous ferons la synthèse pour reconnaître les procédés de transition à adopter.

Et pourtant, malgré nos préférences, nous ne saurions négliger de parti pris les déductions de l'École rationaliste parce que les conséquences pratiques tirées de l'observation sont loin d'être absolues. Inconsciemment on est amené à donner une direction aux recherches et à les orienter dans tel ou tel sens, puis aussi à trop conclure à des vérités générales, sans tenir assez compte de l'époque, de la race, des conditions de vie et des autres éléments qui interviennent.

Dans les sociétés inférieures les fonctions gouvernementales sont plus fortes, plus rigoureuses et le progrès consiste non pas à amoindrir la part d'intervention de l'État, mais à déterminer son action réglementaire dont la sphère s'élargit pour assurer les services d'intérêt collectif. Il faut donc porter les investigations sur l'ensemble des connaissances acquises à la science ; il faut examiner les origines, étudier les différents degrés de transition et les conditions actuelles. Comme procédé, c'est adjoindre largement la méthode objective à l'hypothèse, sans faire à la déduction plus qu'une faible part. Lorsque nous aurons, à l'aide des constatations de faits, consacrés par l'expérience, reconnu et classé les tendances économiques ainsi que certains phénomènes contemporains tels que les transformations dans la condition des terres, nous généraliserons.

Cet éclectisme avec ses larges vues nous permettra d'emprunter aux écoles diverses, ce qu'elles peuvent avoir de meilleur pour faciliter une étude utile. Derrière la question doctrinale, abstraite, nous viserons la partie politique, économique, en un mot : les principes pratiques.

Analysons les difficultés d'ordre subjectif que paraît rencontrer l'évolution de la race indigène, sous l'action d'un peuple de civilisation Aryenne.

Dans les applications de sa doctrine à la science sociale, Spencer met sur un même plan l'évolution animale, l'évolution humaine, l'évolution sociale.

D'après les inductions, qu'il base sur la science expérimentale afin d'établir les lois qui président à l'évolution naturelle, le corps social est un être doué de vie, qui grandit et se développe conformément aux lois reconnues par la biologie. Le cycle de l'existence d'un peuple est identique à celui que parcourt l'être humain dans son évolution, il présente les mêmes phases : enfance, adolescence, âge viril et vieillesse.

La vie pastorale est son premier état qui se transforme insensiblement en vie agricole. La phase de l'adolescence est abordée quand un peuple s'est bien assuré les conditions de son existence.

Le temps nécessaire à ces développements varie suivant les circonstances et le génie de la race. Parfois les premières étapes ne peuvent être franchies qu'avec le concours d'une race supérieure qui apporte d'autres éléments et fait entrer le peuple inférieur dans sa sphère d'action. Au contact de la civilisation se développent des énergies latentes.

Quelques-uns aussi végètent par suite d'un arrêt qui les frappe dans leur développement. Certaines peuplades humaines s'éteignent dans les tâtonnements de la première période ; très peu arrivent à la seconde ; quant à la troisième, elle paraît réservée aux familles aryennes qui atteignent l'ère scientifique, c'est-à-dire l'apogée de l'humanité virile.

Ces hypothèses hasardeuses fondées sur la théorie de l'évolution prétendent donner la formule de l'existence universelle.

S'il n'est pas contestable que les lois du progrès humain ont des rapports avec certaines lois de la vie, par exemple : le développement lent et continu ; il y a une différence profonde entre les phénomènes physiologiques et les phénomènes sociaux.

Si une société est un organisme, son analogie avec les unités vivantes n'est pas identité. Il faut se garder de pousser l'analogie à outrance et par un parallélisme excessif de décider que le perfectionnement suit les lois inéluctables de l'évolution. L'humanité n'est pas, comme l'animal et la plante, emportée d'un mouvement uniforme suivant une direction inflexible.

Dans ses conjectures, Spencer fait peut-être une part trop petite aux instincts de sociabilité. La marche vers le mieux est le résultat d'une activité soutenue et volontaire.

Certaines races ont disparu par le concours de circonstances extérieures, d'autres s'éteignent par affaissement des facultés génératrices.

Tout proclame que l'homme par son libre effort vers le bien, par son énergie physique et morale peut sans cesse développer sa civilisation. Est-ce que cette transformation n'échappe pas aux formules absolues.

Posons d'abord en fait, que la conception du bien n'apparaît pas sous la même forme à tous les hommes.

Certaines races à conception lente n'ont pas évi-

demment les mêmes facilités pour acquérir des notions parfois délicates et tirer spontanément parti
d'une culture qui transforme l'esprit humain du tout au
tout. Chez elles l'impulsion du progrès reste subordonnée aux lois de perfectionnement; ces lois deviennent ainsi l'instrument le plus simple pour leur
montrer un état meilleur et surtout le bien-être auquel par degrés elles peuvent accéder.

Institutions et mœurs, sachons-le, sont intimement
liées quoique résultant de causes multiples.

D'abord, les conditions d'amélioration de l'état social d'un peuple tiennent au climat, dont les conséquences sur le physique et le moral sont diverses autant que nombreuses.

Elles dépendent de la religion, de la fertilité des
terres et du régime de ce peuple : pasteur ou agriculteur.

La marche du mouvement social, appelé civilisation, ne suit pas dans ses phases un aveugle hasard.
Ses variations sont soumises à des causes étendues
et générales qui opèrent sur l'ensemble d'une société
indépendamment de la volonté des individus. L'hérédité dans un lent affinement de la race fixe les résultats acquis. La nourriture, le sol, sont encore des
agents physiques, dont une espèce humaine subit
puissamment l'influence; mais les changements dans
la civilisation dépendent surtout de l'ensemble des
connaissances réunies par les hommes intelligents
des classes dirigeantes qui disposent des forces morales. Elles tiennent aussi au degré de diffusion ou de

pénétration de ces connaissances dans les autres classes. Tout progrès social dépendant de l'union intellectuelle des hommes, l'état de décadence que nous voulons combattre a bien sa source dans le désaccord des idées. Ce qui nous divise surtout, c'est le fanatisme et l'ignorance.

Il en résulte que, si nous cherchons à opposer à ces divisions des principes de droit, les conditions de vie et de rapprochement se développeront à mesure que le sentiment des besoins communs se transformera pour engendrer les modifications dans les mœurs.

La civilisation en Algérie ne prendra donc vraiment son essor que du jour où les indigènes amenés à renoncer aux préjugés dont la tradition les a encombrés atteindront une certaine maturité de raison qui épurera leurs coutumes et viendra ébranler l'autorité de mœurs arriérées.

L'État doit servir de tuteur à ce peuple encore à la période des tâtonnements dans sa marche à travers les âges. Il dépend du gouvernement d'éclairer les classes ignorantes et grossières, de se montrer novateur pour exercer une pression sur des hommes qui ne sauraient spontanément, par raison, prendre l'initiative des réformes.

Toutes les grandes civilisations ont débuté par la violence : guerres de religion, de dynastie ou de race, mais aux luttes à main armée ont succédé rapidement la contrainte morale par les institutions et les luttes économiques, conséquences du progrès qui transforme les besoins.

Avec la fréquence des rapports, malgré de profondes divergences, les antipathies de l'origine sont destinées à disparaître, bien qu'il faille plusieurs existences d'hommes pour faire triompher des principes nouveaux.

Travail destiné à satisfaire les premiers besoins de la vie, propriété, relations de famille et de société, habitudes et intérêts doivent être protégés par des règles dans toute organisation sociale. Là est l'origine des lois qu'il faut perfectionner pour augmenter la somme de justice et développer la condition.

GÉNÉRALITÉS

Les idées dirigeantes dans l'état actuel de la science font considérer la civilisation comme l'ensemble des facultés acquises par l'homme placé à un degré de culture plus ou moins élevé. Cette science contemporaine exclut l'hypothèse d'immutabilité ; elle prétend que, dans l'ordre physique ou moral, les changements se succèdent et déterminent les modifications d'après les lois de l'évolution qui gouvernent les faits sociaux. Les altérations de races produites après une longue suite d'années, n'empêchent donc pas de découvrir par l'observation les ressemblances générales qui apparaissent dès que l'on étudie les caractères et les pratiques des divers groupes.

Tous les peuples ont débuté par l'état sauvage. La Grèce elle-même avant le rayonnement merveilleux de sa civilisation avait connu l'époque barbare. Dans la marche du développement envisagé depuis l'époque grossière jusqu'à la phase actuelle on rencontre des pratiques rudimentaires modifiées sous l'influence du progrès, au point de subsister dans les civilisations supérieures qui les conservent après les avoir adaptées à leurs idées.

Les notions de morale et de législation faites de simples maximes aux temps primitifs, se sont transmises défigurées, mais avec une persistance continue

à travers les périodes de l'histoire humaine pour
constituer les théories et les lois modernes. Il en est
de même pour le langage et pour les superstitions ;
car nos doctrines religieuses découlent de croyances
antérieures superposées depuis les rites païens. Il est
bien vrai qu'en remontant aux époques les plus re-
culées, l'étude des éléments qui constituent nos connaissances fait découvrir les liens qui ne cessent
d'exister entre la pensée humaine de la vie antique
et l'état intellectuel de notre société.

L'essence de la civilisation consistant dans le perfectionnement des individus et dans l'amélioration
de l'état social, il est généralement admis que l'humanité a suivi une marche lente vers le mieux, sans
que l'on puisse dire que la condition de toutes les
races se soit amendée. Quelques familles inférieures
sont restées stationnaires tandis que d'autres dégéné-
raient, mais il n'en est pas moins vrai que les espèces
civilisées descendent d'ancêtres autrefois à l'état de
barbarie. La condition première de l'homme était l'é-
tat sauvage, que les races ont dépassé pour atteindre
les avantages à la portée des peuples avancés.

Dans un agrégat hétérogène les éléments flottants
s'assemblent sous la permanence des relations. Du
bien-être acquis résulte un accroissement de la population et la compétition surgit. Les difficultés de la
vie viennent ensuite et déterminent un travail plus
intense, nécessaire au progrès. Ainsi naissent les institutions à mesure que la société se complique.

Si nous reconstituons le passé des Berbères nous

constatons que ce peuple, trouvé par nous dans une
condition misérable peu différente de celle de ses premiers aïeux, a atteint dans l'histoire un certain degré
de supériorité. Ces phases de transformations suivies
de périodes de décroissance ont été incontestablement liées aux institutions, tantôt favorables, tantôt
étroites, lesquelles, après des siècles. l'ont ramené à
l'état d'ignorance.

Quand on étudie au cours des années la vie des
êtres dissemblables qui se sont élevés vers l'unité, il
apparaît que la religion favorise l'essor de l'intelligence en indiquant aux hommes leurs devoirs et leur
destinée. D'autres éléments se révèlent, encore plus
nécessaires à l'éducation du genre humain. Le progrès n'étant pas spontané, tout peuple isolé végète.
La collaboration d'un autre peuple qui possède une
virilité et des dons supérieurs peut seule éveiller des
facultés latentes par la diffusion de son génie propre.
Serré dans les liens de la tradition, un peuple s'im-
mobilise tant que par le contact et les relations incessantes, un autre groupe n'a pas amené la fusion
des aptitudes.

En Algérie toute notre volonté s'est concentrée sur
le progrès matériel dont l'expansion est vraiment
considérable. Quant au progrès moral fait d'apaisement et d'union, jusqu'à ce jour il nous échappe.
Chacun avec ses préjugés de race s'enferme dans un
égoïsme étroit qui entretient des germes de défiance.
Pour tendre à la fusion des langages et atteindre cette
cohésion féconde du travail en commun, il nous in-

combe avant tout de refaire aux indigènes une âme nouvelle plus à même de concevoir l'idéal supérieur que symbolise notre éducation. C'est l'influence morale dont on ne saurait faire abstraction lorsqu'il s'agit du progrès de l'intelligence humaine qui développe les affinités et suscite l'esprit d'imitation.

La civilisation procède surtout des lois qui sont l'écho moyen des goûts, des besoins et des aspirations. Les résultats s'accumulent, se cristallisent et se transmettent par les institutions qui les consacrent et les érigent en droits. Ainsi le contact stimule la torpeur de la race en décadence par le spectacle du bien-être et de la supériorité de l'industrie qui frappe les esprits ; ensuite les institutions disciplinent les instincts tout en étendant la sphère de l'utile. Grâce aux lois qui sanctionnent les principes d'ordre et d'équité, à mesure que la morale apparaît plus pure dans l'œuvre d'amélioration, les pouvoirs publics prennent une prépondérance essentielle. Protection, sécurité, éducation physique et morale exigent des mesures bienfaisantes, subordonnée à l'intervention de l'État qui doit tenir en relation étroite les questions économiques et l'organisation administrative et judiciaire.

Dans une société ascendante, les forces et les passions qui se font jour nécessitent l'action gouvernementale, pour subordonner les instincts égoïstes aux intérêts collectifs. L'État, dont l'autorité clairvoyante et organisatrice crée les ressorts de la civilisation, intervient par assistance et par contrainte ; en un mot, il apporte ce que l'on appelle l'impulsion officielle.

Depuis un siècle en France, le développement du travail agricole et l'amélioration du sort des habitants des campagnes se sont accrus sous l'influence d'une révolution juridique. La condition des populations rurales touche en effet au droit par l'état légal des personnes et des terres, de même qu'elle se rattache à l'économie politique par les problèmes de la production et de la consommation.

Si nous étudions les transformations progressives des sociétés, nous apprenons que des barbares à demi-sauvages ont amassé lentement des éléments qu'ils ont transmis avec leurs traditions à d'autres peuples. Des croyances et des institutions des premiers grands empires, les nouveaux peuples ont bénéficié, et c'est par une série de gradations insensibles, sous l'action lente et l'influence d'un vainqueur civilisé que les races ignorantes ont commencé leur marche laborieuse vers une condition meilleure. Ce sont là des révolutions pacifiques qui déterminent des transformations profondes et durables. Dans la lutte entre les caractères de deux nations, la plus civilisée tend à prédominer et à subjuguer en raison de sa supériorité éclatante. L'antagonisme disparaît quand la plus faible adopte partie des usages de l'autre ; le mouvement s'accentue lorsqu'une sage législation, à mesure que les besoins augmentent, vient adoucir les points de contact et emprunter des forces qu'elle infuse à l'autre race mise dans l'obligation de s'assimiler.

Pour les peuples étrangers par le sang et les coutumes, l'unité ne semble pas devoir être acquise ;

cependant, par exemple, le rapprochement Sémite et Aryen peut créer une unité relative de goûts, de sentiments et de besoins. Sans viser des raffinements identiques, tout en laissant à chacun son originalité propre les institutions parviennent à accroître les qualités morales, l'esprit d'épargne, le sentiment des droits et des devoirs. Sous l'influence des relations qui tendent à créer des besoins artificiels, les instincts nouveaux corrigent les préjugés et les penchants traditionnels. Chez une race forte la puissance cérébrale et la capacité intellectuelle affaiblies par l'indolence peuvent se relever par une méthode qui avive les facultés telles que : l'intuition rapide, le sens du bien et la volonté.

Par la recherche des habitudes et des préjugés de la race conquise on peut trouver des indications de réformes utiles, bien qu'il soit difficile de se faire une opinion exacte sur un peuple appartenant à une autre origine. Il est incontestable que les aptitudes des Aryens et des Sémites ne sont pas les mêmes ; par conséquent pour parcourir la distance qui sépare les institutions indigènes des nôtres, il faut s'acheminer par étapes en transformant d'abord et surtout les hommes.

Devons-nous profiter de l'anéantissement des races aborigènes ou bien niera-t-on qu'il y a plus de grandeur et d'avantages à faire naître un mouvement de régénération partielle ? tel est le problème ardu que nous tentons d'aborder.

D'une nature insouciante les indigènes, dit-on, sont

incapables de prévoir; ils se plaisent à la vie médiocre et bornée. Ce sont de grands enfants, des esprits simples, ne pouvant avoir la profondeur de pensée de la race européenne qui cependant, elle aussi, a eu ses commencements. Cette force de caractère et cette finesse de sentiments qui nous donnent un air de supériorité, nous les avons acquises depuis peu. Dans nos mauvais penchants, au fond de nos instincts naturels, nous trouverions facilement altérés par la culture sociale, tous les défauts, toutes les tares humaines qui déterminent notre dédain pour les indigènes. Par leur jugement sévère certains hommes leur reconnaissent au plus le droit de vivre dans une humble infériorité, sans espoir de pouvoir jamais s'intéresser à leur propre destinée! Cependant ceux qui avaient rêvé l'extinction d'une agglomération d'êtres qu'ils croyaient appelés à disparaître graduellement, constatent que notre contact n'a pas amoindri la vigueur de cette population de plus en plus nombreuse. Cherchons alors dans quelles limites nous pouvons atténuer ses défauts héréditaires.

L'édifice social créé par l'agrégation de deux peuples ne peut guère être entrevu lorsque s'exécutent les études préparatoires et les essais forcément ingrats de ce perfectionnement. Près de deux siècles de civilisation nous séparent; il serait injuste, après moins de cinquante années d'expérience, de vouloir affirmer que l'intelligence fruste des indigènes les fait incapables de s'ouvrir aux idées modernes.

Dans l'expansion de la France en Algérie où nous

trouvons un milieu de civilisation inférieure, nous envisagerons rapidement le phénomène économique et commercial pour dégager l'action morale humanitaire. Ce qui doit apparaître dans notre colonisation c'est moins la préoccupation de faciliter à nos nationaux une fortune rapide que d'élever le niveau intellectuel des vaincus pour former un lien moral qui les rattache à la métropole. Les Espagnols ne voyaient dans une colonie qu'un domaine à exploiter, mais notre caractère se refuse à tenir les indigènes dans un isolement déterminé par des institutions distinctes. Nous voulons nous inspirer de la pratique des Romains qui visaient l'assimilation progressive. Nous n'avons pas devant nous des peuplades barbares, mais une race douée d'une demi-civilisation et de coutumes qui ne sont pas irréductibles. Les anciennes politiques Hollandaises ou Portugaises uniquement préoccupées de l'entreprise commerciale, et surtout les pratiques de l'Amérique, voire même de l'Angleterre, sont aujourd'hui condamnées.

L'état social d'un peuple arriéré correspond toujours à une organisation politique offrant peu de sécurité. Les habitudes de rapine et de razzia des sociétés anciennes existaient à l'état endémique dans toute l'Europe au moyen âge. L'ordre social des peuples modernes, par une éducation soutenue, a développé l'esprit de solidarité et inculqué le sentiment de la dignité humaine qui ont fait disparaître de déplorables excès. On a vu, il est vrai, l'intolérance et les instincts arriérés, reparaître sous l'action du milieu.

Ce retour rétrograde, après des transformations que l'on croyait acceptées, témoigne des difficultés que l'on doit éprouver avant d'asseoir un progrès définitif, sans que l'on puisse conclure qu'il est impossible à un peuple de briser le cercle de ses préjugés.

La population que nous avons trouvée sur le sol de la Régence d'Alger était dans un état de civilisation très imparfaite, mais non sauvage. Passés de la vie de chasse à la vie pastorale, ces primitifs ont pour la plupart accédé directement à l'agriculture. L'inertie intellectuelle et physique qu'on leur reproche se trouve chez ceux qui vivent à l'état de nature ; c'est en progressant que les peuples s'astreignent à un effort prolongé, régulier et continu. Ils en sont revenus au stade peu avancé de l'élevage des troupeaux, combiné à l'agriculture simple, après un recul économique, car, à l'époque Byzantine, ils pratiquaient le commerce et l'industrie.

Ces indigènes algériens, berbères d'origine incertaine, forment un peuple endormi par l'oppression séculaire de maîtres avides et incapables. Tant de nations déchues se sont relevées après une longue période de décadence que l'on peut toujours espérer faire revivre un peuple en traitant le mal social par des réformes. Au point de vue physiologique, il n'existe pas d'infériorité organique qui différencie cette race. Or il est démontré que le perfectionnement psychologique, cette sélection intellectuelle, se manifeste toujours sous l'impulsion d'une éducation méthodique qui stimule et dirige l'activité cérébrale.

Bien que les énergies individuelles de cette race et de la nôtre ne soient pas identiques, par le contact celle dont la civilisation est supérieure s'imposera vite à l'autre. Alors même que les manières de penser et d'agir soient distinctes, par de sages procédés d'initiation, les Musulmans, quoique d'esprit borné, peuvent apprendre beaucoup. La seule condition se résume à ne pas attendre des résultats immédiats ; c'est une œuvre de longue haleine, car un peuple même d'origine indo-européenne ne saurait évoluer en 50 ans. Plusieurs générations se succéderont vraisemblablement avant que l'on efface les préjugés qui donnent aux indigènes une insouciance fataliste peu compatible avec notre activité.

C'est, paraît-il, heurter les idées acceptées que de se montrer sans préventions contre des hommes dont l'âme n'est pas telle que nous ne puissions découvrir nos affinités naturelles. Si d'ailleurs on objecte que les esprits dans les douars s'ouvrent lentement aux réformes et ne se prêtent guère à la pénétration d'enseignements nouveaux, n'est-il pas juste de convenir que cette morale que nous voulons inculquer, parce que nous la croyons plus élevée, n'est pas sur quelques points supérieure à celle que nous réprouvons : charité, sentiments religieux, respect du père, bravoure, etc...

Les phases de résistance dans le développement des mœurs, toutes les nations Occidentales les ont traversées depuis la Renaissance. C'est l'évolution par les lois qui tendent à modifier les conditions de vie et de production dans les contrées où le peuple doit surtout compter sur le travail, sur sa sobriété et sur les qualités productives du sol.

Pour être arriéré, l'indigène n'appartient pas à une espèce vouée à l'immobilité sociale. Tandis que depuis le moyen âge, l'Europe progressait, ces primitifs ont été tenus isolés dans un monde impénétrable où l'unique souci de la vie brutale dominait toutes préoccupations d'idées et de principes. Les révoltes, l'anarchie, l'oppression dissolvante au milieu desquelles ils ont vécu n'étaient guère favorables à l'émancipation, mais il serait aveugle d'oublier que dans les sciences abstraites, en littérature et en architecture, les indigènes berbères-arabisés ont laissé d'immenses travaux qui ont servi de base à la civilisation dont nous jouissons. Endormi dans une condition sommaire depuis dix siècles, ce peuple cependant n'est pas moins homogène que la population de l'ancienne France composée de Germains, de Basques, de Flamands et de Latins. Souvenons-nous que le mélange de ces divers éléments disparates ne s'est produit qu'avec le temps, et cette considération nous préservera d'une comparaison trop étroite entre une société policée et les représentants d'une civilisation éteinte dont la marche a été rétrograde.

Issus des migrations Aryennes, les Gaulois ont mis plus de quatre siècles pour s'assimiler le langage et les lois romaines qui subsistèrent longtemps intacts dans le Languedoc et laissèrent des traces profondes dans nos institutions.

L'Algérie nous présente le tableau d'une société naissante, se constituant au milieu du monde moderne comme tant d'autres en Europe il y a dix siècles, d'après des lois de développement à peu près analogues. Certaines races précoces et mieux douées ont pu effectuer rapidement leur évolution, mais il n'est pas sans intérêt de rappeler que la condition sociale des indigènes ressemble sous bien des rapports à celle de nos ancêtres.

Les Germains et les Gaulois, dit Tacite, « lorsqu'ils ne font pas la guerre, s'adonnent à l'oisiveté, mangent et dorment ; ils laissent le soin de la maison et de l'agriculture aux femmes ». Aux yeux de Rome les Celtes et les Gaulois étaient de véritables sauvages plongés dans un état de barbarie absolue, ils menaient une vie contrastant étrangement avec celle des Grecs. Pour bien connaître l'existence des paysans, il y a moins de deux siècles, il suffit de relire Labruyère, St-Simon, Massillon et Turgot. Arthur Young rapporte que les Français au XVIIIe siècle vivaient encore comme au moyen âge. Leur charrue était en bois, sans roues, les champs restaient en jachères un an sur trois, quantité de terres étaient incultes et le blé rendait huit pour un. Ne retrouvons-nous pas dans ces descriptions les procédés actuels des Arabes qui grattent le sol avec une charrue primitive sans souci des labours profonds ni des engrais. Ceux de nos ancêtres qui vivaient du travail des champs s'installaient souvent dans des cabanes faites de cailloux et de boue, sans meubles ; ils végétaient misérables et n'étaient guère mieux nourris que les indigènes. Ils ne consommaient que très peu de lait, ils vivaient de sarrasin, de chataîgnes, d'orge, de seigle, de lait caillé et dans de rares circonstances ils mangeaient du porc ou de la chèvre salée. Ce sont là des enseignements de l'histoire qu'il serait bon de ne pas négliger.

Il n'est pas niable que l'aristocratie du grand siècle, la noblesse à talons rouges différait des paysans d'alors presque autant que nos colons algériens diffèrent des indigènes. Cependant moins de trois siècles ont suffi pour niveler ces contrastes. Aujourd'hui encore un Marseillais ne ressemble guère à un homme du Nord : Anglais, Suédois ou Hollandais, quoique tous soient aptes à vivre sous les mêmes lois. Pourquoi donc refuser à la population indigène composée pour la majeure partie d'éléments Berbères avec un faible mélange de Sémites, un développement qui les ferait en quelques siècles à peu près semblables aux races européennes, vivant sous une même latitude, par exemple : aux Siciliens, aux Andalous, aux Maltais. Les Maures Tunisiens de Sfax, de Kairouan, de Sousse et de Tunis depuis longtemps en contact immédiat avec les Italiens, les Grecs et les Maltais immigrés, donnent la mesure des changements profonds qui se peuvent opérer chez les Musulmans quands ils ont sous les yeux l'économie sociale et la législation progressive qui constituent les facteurs incontestables d'un rapprochement.

Les peuples disparus tels que les Chaldéens, les

Égyptiens, les Phéniciens, n'ont atteint leur apogée qu'après une lente absorption des éléments légués par le passé. Ils ont mis des siècles pour s'élever et quelques rares monuments seuls témoignent aujourd'hui de la puissance lointaine de ces empires déchus dont la prospérité glorieuse s'est évanouie. Retenons bien que ces civilisations ont précédé la civilisation grecque dont la nôtre est issue. Nous n'insistons pas sur le groupement Touranien ; les Chinois, il y a moins de trois cents ans, jouissaient d'une civilisation, quoique vieille de mille ans, supérieure à la nôtre. S'ils sont restés stationnaires, l'exemple du Japon qui s'est transformé en 40 années prouve surabondamment qu'une race absolument dissemblable de la nôtre est apte à tous les progrès.

N'avons-nous pas eu avec Carthage une civilisation Sémitique capable de mettre en échec la civilisation Hellénique. La différence d'origine ne paraît un obstacle inébranlable qu'à ceux qui oublient que les indigènes pour la partie la plus réfractaire sont d'essence Sémite. Or les Sémites ne comprennent-ils pas, comme peuple essentiellement acquis aux œuvres du progrès moderne, les Juifs doués de facultés d'assimilation étonnantes. Ils s'unissent et s'incorporent étroitement avec une facilité merveilleuse, au peuple au milieu duquel ils vivent, bien que l'idée de nationalité propre ne soit jamais éteinte chez eux.

La société arabe aujourd'hui ruinée était, lors de notre établissement, livrée à l'ignorance, à l'iniquité, à la servitude et à la corruption. Tel était le résultat d'un régime dissolvant qui a créé l'infériorité énorme de ces Orientaux en face des Européens dont ils étaient les égaux il y a cinq siècles. La religion musulmane qui semble être un sérieux obstacle a joué un grand rôle dans le monde. Le mahométisme n'est d'ailleurs pas absolument étranger au christianisme car il s'est inspiré de cette religion et du judaïsme. N'a-t-on pas vu longtemps s'affirmer la supériorité des Arabes sur les peuples d'origine Aryenne, retombés après la chute de l'empire Gréco-Romain, dans un état d'infériorité voisin de la barbarie. Ces nations parties de la condition misérable des primitifs pour y revenir en quelques générations après avoir atteint la phase la plus policée, ne sont-elles pas un exemple éclatant des lois de l'évolution. Enfin pouvons-nous perdre le souvenir de l'éclipse totale de la science et du développement des connaissances humaines qui dura en Europe du V⁰ au X⁰ siècle de notre ère.

Nous savons que les facteurs du développement d'une civilisation sont fort nombreux. Cependant tout en admettant dans l'intelligence des races des degrés de perfectibilité qui font variables les phases de la marche ascensionnelle, il convient de reconnaître que chaque peuple porte en lui des germes de progrès que diverses influences peuvent faire surgir. S'il est vrai que les Berbères du Nord de l'Afrique ne se sont pas rapprochés des Romains aussi sensiblement que les Gaulois dont l'assimilation avait été presque complète, les causes de cette résistance ne tiennent pas uniquement aux différences ethniques.

Il apparaît d'une étude approfondie que les procédés mis en usage n'ont guère permis aux vaincus Berbères de s'élever à un degré supérieur.

Les anthropologistes ne reconnaissent que trois variétés bien tranchées dans l'espèce humaine : le type nègre, le type jaune et le blanc qui comprend les Sémites. Il est démontré que la constitution cérébrale de chacune de ces races n'est pas très dissemblable. Des preuves se rencontrent chez certaines peuplades de l'Afrique méridionale, sauvages il y a cinquante ans, et maintenant dotées d'une civilisation aussi avancée que celle des Européens au siècle dernier. L'exemple des Antilles et de la Floride où les nègres étaient de misérables esclaves ignorants et grossiers prouve encore que par la liberté et de salutaires institutions, l'amélioration morale et matérielle n'est pas une conception spéculative. Les membres du groupe Parsie aux Indes n'ont rien à envier comme développement intellectuel aux Saxons ou aux Latins. Le Japon s'est modernisé avec une rapidité stupéfiante et nous constatons que les nègres, descendants directs des esclaves du Bornou, occupent en Amérique les plus délicates fonctions libérales. Tous les hommes peuvent s'approcher de notre civilisation, bien que la prédominance reste l'apanage des blancs. Les moyens de perfectibilité ont plus d'acuité chez les Européens, uniquement parce que leur cerveau plus malléable s'est développé par la sélection et l'hérédité. Pendant une période de transition les autres hommes semblent destinés à rester à demi-civilisés, sans pouvoir à grand'peine dépasser un niveau intellectuel moyen.

Les Sémites et les Européens ne sont pas beaucoup plus distants les uns des autres que les Slaves ne le sont des Latins et des Germains. Il est des éléments ethniques franchement juxtaposés ; on en retrouve en Autriche ; mais les variétés que l'on croit bien fondues comme pour la race française ont aussi gardé les caractères propres à chaque espèce : Bretonne, Flamande, Alsacienne, Provençale, etc.

La volonté et la persévérance, qualités dominantes chez l'Européen, ne manquent pas totalement aux Orientaux. Si, livrés à eux-mêmes, ils s'affaiblissent et dépérissent, leurs facultés latentes se développent par l'exemple. L'éducation des jeunes générations est un des modes qui peuvent contribuer puissamment à saper la muraille qui les sépare de notre vie. L'idée de patrie, entre autres, que l'on croit fermée aux Musulmans s'est éveillée en Turquie et en Égypte avec l'instinct national, au contact des Européens.

Dans les Indes anglaises existent de nombreux Musulmans qui acceptent les perfectionnements que leur apportent les Occidentaux. Nous voyons aussi que les Hollandais ont importé, avec quelques légères modifications, dans leur colonie de Java où les indigènes sont musulmans, notre Code civil que leur avait imposé Napoléon Ier. Dans l'organisation judiciaire Turque, on trouve le reflet des législations des autres peuples d'Europe. Qui ne sait que, sous Méhemet-Ali, une véritable révolution économique s'est produite en Égypte, où l'on a accepté vers 1875 des institutions en harmonie avec nos principes. Ce mouvement intellectuel s'est traduit d'une façon remarquable par la rédaction d'un code inspiré du code français. Nulle part, en Orient, le champ n'est ouvert plus libéralement à l'action européenne. C'est avec le concours de professeurs chrétiens que les Égyptiens ont créé et développé leurs écoles supérieures. Peu à peu ils se sont formés aux mœurs d'Occident sans renoncer au Coran dont les principes ne leur semblent pas en opposition avec les progrès des infidèles.

Les Autrichiens, en Bosnie, ont su prudemment s'intéresser à leurs sujets musulmans, qui forment une population étonnamment transformée et dévouée à cette œuvre de pacification qui se résume à protéger le culte de l'Islam. A Chypre, les Anglais font vivre en paix des populations disparates. Cependant leur gouvernement ne comporte pas la légion de fonctionnaires que nous avons installés en Algérie. Sous la haute direction des chefs européens ils ont gardé les agents indigènes trouvés au moment de l'occupation. Point d'organisation compliquée ni de mesures hâtives, ils tirent profit de l'ascendant que les Levantins de grande famille exercent sur la masse. Ils se contentent de contrôler étroitement tous ces auxiliaires devenus intègres, grâce à une surveillance rigide. Ils obtiennent ainsi la docilité des Musulmans auxquels ils savent laisser le libre exercice de leurs usages locaux. Pour assurer leur autorité et pour administrer ces territoires, ils ont suivi le procédé que nous méconnaissons : innover le moins possible.

PÉRIODE HISTORIQUE

Puisque notre civilisation est issue de l'époque Gréco-Romaine, pourquoi négligerions-nous l'examen des choses dans le passé. Bien que les sociétés dans leur vie primitive soient imparfaitement définies, nous ne pouvons gouverner un peuple sans rechercher les formes diverses de son organisation sociale au début, ni les lois spéciales de ses développements antérieurs. Pour se convaincre des analogies et reconstituer les grands traits qui se sont succédé, la méthode la plus féconde procède aujourd'hui à l'étude des matériaux puisés dans l'histoire et dans la législation comparée. C'est la démonstration par le fait.

A défaut des individus examinés isolément, nous pouvons apprécier l'action collective d'un peuple par les caractères généraux de sa vie nationale. Dans la continuité de l'histoire si nous avons recours à l'observation et à la critique, nous évoquerons ses luttes, ses révoltes et les vices de sa puissance ; nous pénétrerons ses instincts et les traditions corrélatives dont il a vécu. En méditant sur le passé, nous découvrirons les obstacles à l'organisation d'un système contingent, harmonisé avec les nécessités nouvelles. La formule à dégager n'aura rien d'intégral ni d'univer-

sel, mais nos déductions permettront de se demander si les résultats obtenus dans l'antiquité se repro-
duiront plus affinés à notre époque dans un milieu
différent, pour un même peuple.

La grande famille des Berbères appelée Gétules,
Lybiens, Numides ou Mauritaniens, constitue une population primordiale à laquelle on ne connaît pas d'o-
rigine étrangère et qui habite le Nord de l'Afrique
depuis les premiers âges du monde. Ces indigènes que
nous désignons sous le nom générique de Berbères
n'ont aucune parenté avec les branches Sémitiques et
ils forment un peuple à part bien distinct des Arabes
issus des conquérants du VII⁰ siècle. D'après Renan,
ils appartiennent à la famille Chamitique.

Les seules traditions historiques que l'on puisse invoquer sur l'origine de ce peuple nous apprennent
que les Berbères, les Ibères et les Celtibères sont frè-
res. Les Lybiens connus d'Homère et d'Hérodote occupaient la région qui s'étend de l'Egypte à la Tripo-
litaine. Les Numides appartenaient à une branche
Lybienne, installée en Tunisie et en Algérie avant
l'arrivée des Phéniciens qui soumirent seulement les
tribus de la côte. La colonie Carthaginoise leur a
ajouté un élément nouveau et depuis cette immigra-
tion qui remonterait au XVᵉ siècle avant Jésus-Christ,
d'autres populations chassées par les guerres et notamment par la longue occupation Romaine, ont dû
faire subir des transformations à cette race qui ne s'en
rattache pas moins à la famille souche de certains
peuples d'Europe. Ces véritables aborigènes auxquels

d'autres éléments ont été juxtaposés sous la pression
des invasions, ont formé le fond de cette population
indigène appelée à tort Arabe, depuis sa conversion
au mahométisme.

Traçons à grands traits toutes les phases de l'histoire d'une population turbulente dont nous suivrons
les troubles et la splendeur depuis l'âge Punique, en
passant par des périodes d'éclipses absolues, longues
de plusieurs siècles. Nous écartons les récits légendaires des temps mythologiques rapportés par Hérodote, Strabon et Salluste, qui, les premiers, recher-
chèrent l'origine des Maures ou Numides de l'Afrique
septentrionale. Nos développements s'appuient très
faiblement sur les rares monuments que nous a légués
Carthage, nos preuves sont tirées surtout de l'histoire
de cette puissante colonie Romaine dont la civilisation s'effondra vers le Vᵉ siècle sous Honorius et Va-
lentinien auxquels succéda la nuit profonde avec les
Vandales de Genséric.

L'œuvre des Phéniciens paraît admirable quand
on songe à l'aide de quels moyens primitifs ils rayon-
nèrent des Indes jusqu'à la Grande-Bretagne. Venus
d'abord pour fonder quelques comptoirs, ils s'établirent sur le littoral et commercèrent avec les indigènes. Groupées en communautés sous l'autorité des
chefs de tribus, les peuplades soumises aux Phéniciens formaient de grandes fédérations commandées
par des princes de leur race. Ces Berbères conservaient avec leurs coutumes traditionnelles une semi-
indépendance. L'objectif principal des Carthaginois

était le commerce extérieur plutôt que la conquête et l'exploitation des pays tributaires. Cependant les tribus ne restèrent pas en dehors de leur influence, ils les firent concourir à la colonisation et les façonnèrent à leur civilisation. L'agriculture, autant que le commerce, fut une source de richesse pendant six siècles. Les indigènes d'alors en contact avec les Phéniciens dont ils étaient les serfs cultivaient l'olivier et les céréales tout en s'adonnant à l'élevage du bétail. Tour à tour alliés ou révoltés les Berbères ne reçurent pas de Carthage des institutions profondes pouvant orienter une transformation qui ne se manifestait vraiment que dans les comptoirs du littoral. La population des villes avait atteint un degré de civilisation très avancé ; elle se composait d'un croisement de Phéniciens, c'est-à-dire de Sémites avec les Lybiens ou Berbères.

Dans la résistance opposée aux Romains, les rois indigènes avaient fourni de précieux auxiliaires aux Carthaginois. Comprenant que, dans leurs grandes luttes contre l'ennemi séculaire, le concours des Berbères serait le seul gage de victoire, les Phéniciens avaient songé à les doter d'institutions destinées à développer l'agriculture, le commerce et les arts. En accroissant leur bien-être et en veillant à leurs intérêts, ils pensaient tirer profit de cette rénovation qui devait leur assurer le dévouement d'une population guerrière. La ruine de Carthage ayant suivi de près la défaite d'Annibal, ce pays fut entraîné par d'autres destinées. Au rayonnement Numide succéda la domi-

nation Romaine pendant plus de cinq siècles. Les monuments et les stèles exhumés de ce sol algérien
merveilleux en ressources, nous ont fourni des ins-
criptions édifiantes quoique mutilées ou masquées
sous la patine du temps. A l'aide des données
probantes de la science épigraphique, nous pouvons
contrôler l'histoire et fonder nos appréciations con-
crètes sur la condition des indigènes au cours de
l'occupation Romaine.

Carthage abattue, les nouveaux conquérants ne cher-
chèrent pas d'abord à s'annexer le Nord de l'Afrique.
Ils attendirent que peu à peu s'insinuassent la crainte,
le respect, les idées et leur organisation de peuple
roi. L'élément phénicien, peu nombreux, s'était fondu
dans le peuple autochtone.

Après avoir dompté ces populations jalouses de
leur indépendance, les empereurs n'imposèrent pas
leurs institutions avancées. Les vaincus se virent d'a-
bord contraints de se créer d'autres ressources par le
travail pour satisfaire à des exigences nouvelles. Ce
fut le premier stimulant qui contribua au développement de l'agriculture et du commerce de cette société
naissante.

Pendant près d'un siècle, cette terre conquise con-
serva son administration propre sous le contrôle rigoureux des Romains qui avaient imposé leurs garanties et qui prélevaient un lourd tribut. Les villes
africaines qui se soumirent conservèrent leur territoire et leurs franchises communales. Celles qui
résistèrent perdirent avec leurs libertés, leurs terres.

qui furent incorporées d'abord au domaine public, puis concédées plus tard aux spéculateurs et aux fermiers. D'autres cités gardèrent la jouissance de leurs immeubles ruraux, sans droits de propriété, à titre précaire et en qualité de simples usufruitiers soumis à des redevances. Insensiblement, par les rapports avec les nouveaux colons Latins, le rapprochement se fit et la condition de dépendance des populations indigènes s'améliora par la concession d'immunités. Les usurpations de Jugurtha ramenèrent la guerre puis les désastres infligés par Marius, Pompée et César aboutirent à l'écrasement du dernier roi Numide. En l'an 40, après l'assassinat du roi indigène Ptolomée, les territoires du Nord de l'Afrique devinrent provinces.

Moins d'un siècle avant Jésus-Christ la puissance Romaine s'établissait profonde de Carthage à Tanger. L'Empereur Auguste qui entrevoyait la réunion de ces territoires à l'Italie fit installer des citoyens qui devaient assurer la prédominance des vainqueurs et conduire insensiblement vers la fusion un peuple que la langue, les mœurs et les institutions façonnaient aux idées Romaines. Les territoires séquestrés servaient à la création de colonies. Des Latins venaient entreprendre le commerce, faire la banque, fonder des établissements agricoles ou même occuper des emplois.

Au début, Rome faisait face aux dépenses de l'armée et aux charges d'administration. Elle assurait les frais de création et d'entretien des ports, routes,

aqueducs et autres travaux d'utilité publique. Les
successeurs d'Auguste avaient réduit tout le pays et
le gouvernement civil des proconsuls protégés par
les légions donnait à l'Afrique du Nord une prospérité que des ruines imposantes attestent encore. Hadrien surtout mit en œuvre les ressources de cette
contrée.

La paix assurée à l'intérieur, sous son règne prospère, permettait à l'agriculture de se développer. Les
colons affluaient de la métropole. Colonies civiles,
colonies militaires de vétérans, formaient un ensemble de places et de villes opulentes reliées par des routes. L'influence pénétrait plus avant chez les Berbères
qui n'avaient pas recouvré leur indépendance, mais qui
devenaient confiants et s'acheminaient vers l'assimilation.

Il est vrai, cependant, que plusieurs siècles s'é-
taient écoulés sans qu'une pensée généreuse eût remplacé par le droit humain le droit de conquête si
lourd pour les vaincus. Avec Auguste la situation s'é-
tait améliorée, l'Empire avait substitué l'ordre et la
moralité aux procédés autoritaires usités à l'égard des
sujets ou alliés de Rome. Sous Dioclétien apparu-
rent les fonctionnaires innombrables : proconsuls,
préteurs, questeurs et publicains ; chefs tracassiers,
souvent cupides qui imposèrent leurs règlements
compliqués avec les formalités et toutes les entraves
de leur onéreuse protection. L'armée, quoique très
réduite, assurait néanmoins la sécurité nécessaire aux
travaux agricoles.

L'œuvre de la rénovation par la colonisation avait tenté nos prédécesseurs dès l'époque d'Auguste. Avec un sol et un climat peu modifiés depuis, les problèmes dont la solution est poursuivie de nos jours, avaient donc été abordés. Pour prévenir les luttes de races et les antagonismes de religions, les croyances des vaincus avaient été respectées. Dans les cités nouvellement fondées, l'aristocratie et la bourgeoisie indigènes copiant les vétérans et les colons italiens, parlaient le latin devenu langue officielle. Tout en restant fidèle à ses traditions la généralité du peuple acceptait la suprématie de cette Rome qui lui apportait le calme et un bien-être relatif. Les villes de l'intérieur étaient florissantes comme les villes fondées sur les côtes au Ier siècle de l'ère chrétienne. La sécurité qui est indispensable, avait été assurée depuis le règne d'Hadrien qui avait poursuivi le relèvement entrepris par Auguste. La vie des cités devenait prospère et le pays était sillonné d'un réseau de routes permettant de développer jusque sur les points les plus extrêmes toutes les forces économiques. Les ports s'encombraient de navires chargés de grains, le rapprochement des indigènes avec les vainqueurs s'effectuait, la civilisation Gréco-Romaine s'insinuait chez les Africains.

L'ère heureuse durant laquelle le pays se couvrit de monuments, dura jusqu'au début du IIIe siècle. Un merveilleux esprit de suite, la conscience de leur supériorité et une foi inébranlable dans l'avenir faisaient la force des conquérants.

En général les Romains s'emparaient des terres des vaincus qu'ils conservaient comme métayers, chargés de cultiver pour le compte des soldats entre lesquels le sol était partagé. Dans les provinces de l'Afrique du Nord les indigènes, laissés en possession de la majeure partie de leurs terres, payaient un impôt foncier, redevance par laquelle ils reconnaissaient la propriété éminente du souverain. En principe, les populations agricoles conservaient la possession du sol, de même que les villes gardaient leur administration propre. Cette sorte de régime de protectorat laissait une véritable autonomie aux cités indigènes qui s'administraient sous la direction d'un fonctionnaire romain. Comme aujourd'hui la propriété était la source des richesses dont l'agriculture devenait le principal organe. Dans l'œuvre féconde de la colonisation commencée avant Jésus-Christ, l'Etat donnait des concessions aux légionnaires retraités. D'autres propriétés ou installations créées par les Italiens immigrés étaient rapidement mises en culture pour la production du blé destiné à la consommation locale et à l'exportation. Le domaine public, il est vrai, était immense, mais par les ventes il se transformait fréquemment en propriétés privées n'ayant pas cependant le caractère complet de la propriété individuelle.

D'après le droit primitif en Italie la faculté de posséder n'était attribuée qu'au chef de famille, mais l'évolution des institutions juridiques avait amené la reconnaissance du droit naturel de propriété consi-

déré comme une extension de la personne. Bien que
la loi romaine importée en Afrique permît le morcellement des terres, par exemple entre co-héritiers, la
plupart des domaines restaient indivis, les revenus
seuls étaient partagés entre co-propriétaires unis par
les droits et les obligations du *consortium*. Progressivement, dans les provinces, les alliés obtinrent le
droit Italique qui consistait surtout dans le libre exercice de la propriété du sol. Dès qu'ils purent vendre
et léguer les terres possédées en propre, la richesse
foncière s'accrut et se perpétua dans les familles.
L'initiative privée créait les colonies agricoles et l'im-
migration des riches Latins qui venaient surveiller
leurs fermes assurait la pénétration Romaine.

Les colonies généralement installées aux alentours
des villes et dans les plaines fertiles laissaient aux
indigènes la partie montagneuse du pays. Protégée
par la nature du sol, cette race indomptée trouvait
dans les régions accidentées, un refuge après les révoltes. L'Aurès, la grande et la petite Kabylie, que les
Romains avaient eu le tort de ne pas occuper, étaient
les principaux foyers d'où partaient les incursions
coutumières aux turbulents Berbères. Dans le Tell
les tribus absorbées par la culture redoutaient les
aventures et ne s'associaient jamais aux rébellions
qui engendraient les excès et la misère.

A l'époque de Pline quelques propriétaires possédaient en Afrique d'immenses domaines à demi-in-
cultes, ce qui n'excluait pas une population rurale
composée de petits cultivateurs dont les exploitations

variaient entre 25 et 30 hectares. Ils se servaient d'esclaves pour mettre les terres en valeur. Les domaines importants étaient aussi gérés par des esclaves au profit des grandes familles concessionnaires de terres. L'administration de ces propriétés nous est révélée par une inscription récemment découverte en Tunisie. Ce texte nous apprend qu'aux termes d'un contrat les propriétaires prélevaient les deux tiers de la récolte et laissaient au fermier indigène le tiers restant.

Cette proportion est supérieure à ce cinquième que les Arabes de nos jours ont coutume d'attribuer aux Khammès laboureurs. Les travaux agricoles comportaient la culture du blé, de la vigne, l'exploitation des forêts, la culture de l'olivier et les prairies pour le bétail.

Un fait capital et contraire à nos idées, c'est l'existence d'esclaves contribuant sur tous les domaines à la mise en valeur du sol. Ce mode de culture des anciens s'écarte diamétralement de notre conception moderne puisque le principe de la propriété portait aussi sur des êtres humains de condition servile qui ne pouvaient posséder de biens. Ils garnissaient les domaines comme les outils et les bestiaux. Ouvriers ruraux, meuniers, forgerons, maçons, bergers ou laboureurs, ces hommes assuraient les travaux de toute nature.

Aucun intérêt pour les esclaves, aucune liberté pour eux dans les domaines où ils font fructifier le sol. Voilà ce qui caractérise la propriété.

Parallèlement existait un mode de culture par des hommes libres, concessionnaires à titre précaire ayant un simple droit de jouissance, sortes de fermiers nommés colons. Nous entrevoyons mal ces formes de tenure en vigueur à l'époque Romaine ; la situation de nos colons qui travaillent leurs champs particuliers ne ressemble en rien à celle des fermiers payés au tiers d'après certain règlement sur l'exploitation d'un domaine agricole au temps de Trajan. Le colonat avait pris en Afrique une grande extension parce que ceux qui labouraient pour payer leur fermage pouvaient aussi posséder. Le lien, il est vrai, qui attachait les colons n'était pas comparable à notre contrat de louage puisqu'il était perpétuel et que ses obligations se transmettaient de père en fils. La redevance fixée d'une façon immuable, le fermier était intéressé à améliorer le sol pour accroître les produits. L'exploitation directe par des esclaves que surveillait un régisseur et la tenure de colon se partageaient parfois le même domaine.

Dans les provinces, les chemins étaient exécutés par la main-d'œuvre militaire. Des esclaves, des affranchis, des condamnés et de rares hommes libres engagés à vie et marqués au fer, accomplissaient les travaux publics. C'était un régime de collèges d'artisans, analogues aux corporations du moyen âge. Les propriétaires de la ville entourés de clients menaient une existence facile de grands seigneurs. Ils chassaient et cultivaient les belles-lettres. Ils s'occupaient des affaires locales, ils acceptaient des emplois municipaux et parfois recherchaient les carrières élevées.

La morale, les préjugés et les principes des sociétés anciennes différaient singulièrement de ce que nous considérons comme règles générales et universelles. Les Grecs ne toléraient que l'agriculture et leur dédain pour le travail était consacré par la législation qui frappait de prison tout citoyen ayant travaillé. Le travail manuel était chose vile, bonne pour les esclaves. Dans leurs constitutions, Solon et Lycurgue n'ont d'autres vues que de garantir aux familles sans revenus, une part dans les ressources de l'État, afin d'assurer à toutes les classes du peuple une existence sommaire, mais oisive. Les arts manuels sont inférieurs, dit Xénophon, et Platon dans la *République* fait punir le citoyen qui ose travailler comme un mercenaire dégradé! L'État devait entretenir le peuple. Ce socialisme des cités grecques qui dura plus de huit siècles avant Jésus-Christ était bien plus contraire à nos idées sur le développement de la race humaine que le collectivisme partiel de la tribu arabe. En dépit de cette réglementation étroite, contraire au droit naturel, l'évolution s'est néanmoins produite.

En Italie le mépris que l'on affectait envers ceux qui vivaient de salaires témoigne des idées de ce peuple sur le travail. Auguste même n'osa réagir contre le privilège obtenu du Sénat par Tibérius Gracchus, et qui consistait à faire nourrir par le Trésor public les citoyens pauvres. Assuré des distributions de l'Etat (la province d'Afrique fournissait 4 millions d'hectolitres de blé) le peuple sans souci de l'épargne ni des besoins de l'existence prit des habitudes d'indolence et de paresse qui lui faisaient abandonner le sol que des esclaves cultivaient médiocrement. Malgré leur apathie, les indigènes Algériens n'en sont pas tombés à cet état d'affaiblissement et de décadence qui devait fatalement entraîner la perte de l'Empire.

A Rome les crises sociales les plus aiguës ont été engendrées par les lois agraires, notamment la loi Lycinienne qui avait pour but d'enrayer le dépérissement de l'agriculture. La propriété foncière avait créé entre les patriciens et les plébéiens des luttes effroyables qui prirent fin avec l'échec de Caïus Gracchus, c'est-à-dire à l'époque où la société Romaine, d'un mouvement continu, a été conduite à l'effondrement.

Cette expérience d'un peuple qui nous a précédé en Afrique doit nous enseigner qu'il n'est pas de propriété durable, dans un État ou dans une colonie, si on néglige d'entretenir et de développer une classe moyenne d'agriculteurs laborieux. C'est là ce que nous apprend l'histoire de la République Romaine. La situation économique de cette antiquité trop vantée était donc toute relative si nous envisageons la condition générale des individus aux époques de splendeur qu'il est convenu d'admirer. Nous nous faisons une idée grandiose du monde Romain parce que nos ouvrages classiques voilent en partie les exactions d'un petit groupe de citoyens privilégiés dont la vie brillante dépendait de l'exploitation des

alliés et de l'écrasement des autres classes de la population.

Les Romains étaient pourtant supérieurs dans
l'administration des pays conquis, bien qu'ils n'aient
jamais rencontré les mêmes difficultés politiques et
religieuses que nous. Leur principale préoccupation
consistait à se concilier les indigènes. Ils détermi-
naient les obligations de tous et garantissaient les
libertés par des édits qui ne parvenaient pas toujours
à prévenir l'arbitraire. Ils avaient institué une autonomie municipale que ne sauraient valoir la centralisation gouvernementale et la semi-égalité civile
imposées par nous. Leur administration coloniale
était pour ainsi dire indépendante et spéciale. Préteurs, questeurs, légats et tous ceux qui exerçaient
des attributions relevaient uniquement du gouverneur. Les hommes qui détenaient l'autorité publique
avec des pouvoirs variés étaient affranchis de la tutelle de Rome. Ils administraient les provinces suivant leur propre impulsion, grâce à une compétence
acquise sur place, sans que l'ingérence des dictateurs
ou consuls de la métropole vînt paralyser l'esprit de
suite et le programme des préteurs et des questeurs
d'Afrique.

Doté de pouvoirs illimités, le gouverneur créait
une véritable jurisprudence avec les édits consulaires qu'il promulguait dès sa prise de fonctions pour
faciliter la transition entre le Code civil et les coutumes locales. Les peuples tributaires perdaient le
droit de se faire justice. A défaut de code fixe, les

édits résumaient quelques principes de droit Romain,
des règles d'équité, les traditions locales et certaines
maximes administratives. Véritable dictateur, le gouverneur exerçait avec une compétence absolue tous
les pouvoirs civils et militaires. Il avait des droits illimités en matière financière. Nos distinctions entre
les attributions administratives et judiciaires ne se
soupçonnaient pas à cette époque. Le gouverneur
assurait souverainement la justice à l'égard des provinciaux, mais il ne s'occupait personnellement que
des litiges importants. Il s'entourait d'auxiliaires connaissant le droit public, les instructions du Sénat, les
usages locaux et les immunités spéciales. Il se réservait la faculté de trancher les différends engagés entre les citoyens des villes et les notables indigènes.
Pour statuer, il s'appuyait sur les travaux des jurisconsultes. Dans les affaires sans précédents, l'équité
naturelle et le bon sens suppléaient aux lacunes.
Questions d'intérêts publics ou privés, Conseil de
guerre ou Cour d'assises, toutes les assemblées étaient
périodiquement présidées par le gouverneur assisté
des jurés.

Par immunités spéciales certaines régions avaient
été autorisées à conserver leurs magistrats propres
et leur droit coutumier. Des préteurs provinciaux
ayant les attributions de nos parquets, réglaient la
procédure tout en laissant la décision aux récupéra-
teurs (jurés) élus par les Romains et les notables indigènes. Les citoyens en Afrique comme dans la métropole restaient toujours soumis à la loi Romaine, bien

qu'il leur fût loisible de saisir la juridiction locale de
leurs démêlés avec les indigènes. Le système appliqué aux vaincus comportait une large décentralisation administrative ; leur religion était respectée.

Maîtres du territoire, les Romains s'étaient efforcés
d'organiser le pays en fondant sur divers points de
petites colonies et des municipes. Comme dans la
métropole, ces villes comportaient des ouvrages d'u-
tilité générale, des monuments et le luxe le plus raf-
finé. Cirques, ponts, routes, marchés, égouts, aque-
dues, arcs de triomphe, temples, statues et autres
édifices avaient été construits sur le modèle de Rome.
Ils avaient installé à demeure sur le sol Africain une
population qui se multiplia dans les villes et aussi
dans les campagnes, directement en contact avec les
aborigènes. Ces Numides s'étaient en partie assimilé
les coutumes des Latins immigrés. Maintes inscrip-
tions démontrent qu'ils avaient Romanisé leurs noms
et obtenu le droit de cité. Tout en gardant leurs
idiomes propres, les Berbères parlaient le latin même
dans les tribus. On observait un mélange d'usages
apportés par les conquérants à côté des traditions
locales qui se perpétuaient, puis s'associaient et parfois se fondaient. Les changements n'étaient que su-
perficiels pour les populations rurales, mais dans la
bourgeoisie et l'aristocratie des villes l'action de la
civilisation Romaine avait été profonde. Après plusieurs générations, il devenait souvent difficile, soit
dans la vie privée, soit dans la vie publique, de reconnaître les citoyens originaires de l'Empire et les
nouveaux sujets de race Berbère.

En Afrique, à côté des proconsuls, des patriciens, des officiers et agents de Rome, il y avait donc un peuple romain et des propriétaires fonciers formant une sorte d'aristocratie qui utilisait comme aujourd'hui la main-d'œuvre indigène. La population des provinces se subdivisait en trois catégories suivant des privilèges spéciaux. Chaque classe relevait d'une cité dont les habitants jouissaient d'une suprématie et de certains pouvoirs sur les indigènes de leur circonscription. Toutes les cités n'avaient pas une constitution copiée sur celle des maîtres qui, tenant compte des divergences propres au milieu, ne s'étaient pas imposé un modèle type à réaliser forcément. Au degré inférieur les villes pérégrines ordinaires formaient une majorité considérable. Elles conservaient leur ancien droit coutumier, mais la faculté leur était laissée d'adopter le droit romain. En présence de cités policées les Romains leur garantissaient par traité, une existence civile indépendante, et tout en conservant un pouvoir de tutelle, ils leurs laissaient certains privilèges administratifs avec leurs propres magistrats. Les Latins coloniaires qui formaient une catégorie plus élevée, gardaient leur statut personnel ainsi que des libertés politiques et municipales. Enfin, au degré supérieur, les cités romaines, villes de citoyens appelées aussi municipes, jouissaient d'une décentralisation caractérisée par de très larges franchises. Quand les cités pérégrines atteignaient cette troisième phase de transformation, elles bénéficiaient d'une véritable autonomie.

Ces municipes Africains organisés à l'instar de ceux de la Métropole avaient leurs consuls et leurs édiles élus ; ils possédaient la plénitude du droit civil ainsi que les prérogatives inhérentes à la qualité de citoyen. De même qu'à Rome, la distinction des patriciens et plébéiens subsistait. On comptait 6 millions de citoyens à l'époque d'Auguste. César et Pompée avaient conféré en m asse la cité pleine et entière ; mais sous la République les citoyens romains qui commandaient le monde ne dépassaient pas 400.000. L'Edit de Caracalla(200 ans après Jésus-Christ) effaça toute distinction de races. Les Berbères émancipés devinrent citoyens romains ainsi que les autres sujets de l'Empire. Ce changement de condition décrété d'une façon générale ne supprima pas les frontières. Les peuples unis à la mère-patrie gardaient le sentiment propre de leur nationalité qu'une mesure de fusion trop intime n'avait pu annihiler.

La pacification du pays que nous avons obtenue en 40 années demanda plus d'un siècle et les Romains consacrèrent une période égale à l'acheminement vers cette situation prospère qui faisait de l'Afrique la plus riche et la plus enviée des provinces. C'est grâce à un véritable protectorat qu'ils assurèrent leur domination. Moins par la reconnaissance que par la crainte, les Empereurs obtenaient la soumission des vaincus dont ils respectaient l'autonomie en ce qu'elle avait de compatible avec la sécurité. Tout nouveau pays subjugué devenait province et les citoyens qui s'expatriaient pour refaire leur fortune par l'exploitation de domaines agricoles, venaient contrebalancer l'esprit national des populations. L'alliance de Rome était imposée aux souverains amis qui n'étaient plus libres de faire la guerre. Soit par tolérance, soit plutôt pour mieux dissimuler une action qui devait un jour devenir prépondérante, les Romains laissaient aux indigènes moyennant tribut et contrôle des proconsuls, partie de leurs institutions, et ils préparaient l'annexion en les maintenant sous la direction de leurs propres chefs.

La vieille race Berbère obligée de renoncer aux combats qui absorbaient le meilleur de ses forces, tournait son activité vers l'agriculture. Sous l'influence de la nation conquérante, elle montrait son aptitude à atteindre les derniers stades du développement, puisqu'elle s'adonnait à la littérature et aux arts moins d'un siècle après Jésus-Christ. Il est hors de doute que les populations rurales restèrent un peu arriérées, la culture d'esprit était l'apanage des citadins et des indigènes du milieu social le plus élevé. A l'époque brillante de Louis XIV, il en était de même en France et maintenant encore les raffinements de la civilisation ne se rencontrent que chez une élite intellectuelle, car s'ils se répandent dans les classes moyennes, ils n'atteignent pas le vrai peuple dont le développement reste toujours sommaire.

Quand Rome crut pouvoir accentuer la centralisation, l'État prospère des provinces déclina sous l'influence délétère de cette politique qui visait une communion trop étroite entre la constitution romaine et les coutumes traditionnelles des peuples soumis. Concluons-en que, par concessions mutuelles, une semi-fusion peut se produire ; mais se montrer intransigeants et vouloir obtenir des sujets, l'adoption de l'ensemble des institutions métropolitaines, c'est provoquer la réaction, les manifestations d'indépendance et rendre stériles les progrès acquis.

En réalité, l'œuvre des Romains se différencie peu de celle des Phéniciens qui poursuivaient l'expansion commerciale. Comme les nations modernes, le peuple-roi se préoccupa surtout des bénéfices que la colonie pouvait lui procurer. Dans son égoïsme, il laissait au second plan l'élément humanitaire pour viser la mise en valeur immédiate et les profits, sans se douter que l'avenir seul permet de récupérer les sacrifices nécessaires au début de tout établissement durable. L'intérêt primait les considérations de développement moral qui auraient pu se traduire par la formation d'une population mixte ainsi que cela se produisit dans les Gaules.

L'administration des gouverneurs avait d'abord été bienfaisante, parce que, tout en perfectionnant l'outillage économique, grâce à un ensemble de fondations utiles, ils cherchaient à faire pénétrer au cœur du pays leur action politique et sociale, afin de provoquer un rapprochement. Ces magistrats s'efforçaient de propager la civilisation et ils pensaient, en accordant le droit de cité, arriver à cimenter l'union des Berbères et des colons latins. Leurs exigences et leurs préoccupations devinrent bientôt différentes.

La désorganisation des services publics commença aussitôt l'annexion complète des provinces. Pressurés par des chefs qui s'adonnaient aux caprices d'un luxe effréné, les indigènes se plaignaient des maîtres devenus tyrans et lentement les tribus qui n'avaient pas perdu leur amour de la liberté préparaient le soulèvement.

Au lieu du relèvement de la race Berbère, peu à peu la politique des gouverneurs visa l'exploitation du pays. Despotes cupides, aux dépens des provinciaux qu'ils rançonnaient, les fonctionnaires ne songèrent plus qu'à s'enrichir. Par des agissements scandaleux, une aristocratie avide et la plèbe fainéante vivaient de spoliations. La République avait livré le pays à la rapacité des proconsuls. Il fallait satisfaire aux prodigalités de ces maîtres parasites qui ne travaillaient pas et qui dépouillaient cyniquement les Berbères naguère tranquilles et laborieux.

Sous Dioclétien la ruine de l'Afrique si florissante se dessina. Cette contrée, tour à tour pillée et insurgée, devint infertile et désolée. Vers l'an 250, après les Antonins, la décadence s'accentua. Les troubles, les querelles religieuses, les incursions des tribus rebelles, l'exagération des impôts amenèrent un affaissement de la richesse. Vainement Constantin s'efforça de lutter contre la dépopulation ; toutes les mesures législatives ne purent enrayer les exactions des fonctionnaires. Le fisc, dit Flavien, « était un brigandage » qui acheva d'épuiser l'Afrique romaine. Les populations, inquiètes et ruinées, émigrèrent peu à peu.

marquant ainsi une étape nouvelle de régression.

Le Bas-Empire voulut vivre de ses colonies et ce fut la principale cause de son effondrement. Constantin avait inutilement tenté quelques réformes. Par un édit daté de 326 après Jésus-Christ, il s'était efforcé d'obtenir la séparation des pouvoirs civils et militaires. Mais les légions romaines, qui prétendaient élire leur empereur, méconnaissaient tout frein, tout pouvoir. Du IVe au VIe siècle, l'Afrique devenue chrétienne, affirmait encore sa vitalité puisque Rome recevait de cette contrée : des écrivains, des jurisconsultes et même des empereurs.

De courtes accalmies ne purent enrayer la désagrégation des provinces qui agonisaient. Le schisme qui se produisit entre les indigènes chrétiens au IIe siècle fut le prélude des désastres. Les colons Donatistes entrèrent en lutte avec les Orthodoxes des cités. Pendant un siècle, des massacres fratricides dépeuplèrent les campagnes. Il n'était plus question de travaux agricoles, de pénétration de races, ni de condition matérielle ou morale, durant cette déplorable succession d'orgies sanglantes. Les Berbères, païens des montagnes, restés en dehors de ces désordres, avaient gardé leur vitalité. Ils se révoltèrent avec Firmus et la faiblesse de l'Empire s'accentua au Ve siècle.

A l'époque de Saint Augustin, vers l'an 425, les Vandales appelés par Boniface comte d'Afrique, occupèrent le pays et trouvèrent dans les indigènes des alliés disposés à combattre l'unité des établissements Romains. Leurs instincts naturels d'indépendance,

l'espoir du pillage et les divisions religieuses groupè-
rent les Berbères autour de Genséric. Les envahisseurs égorgèrent, saccagèrent et brûlèrent tout dans
leur fureur sauvage. Ce qui représentait la civilisation
s'effondra sous les ruines. Les populations indigènes
persécutées abandonnèrent les cultures et, redeve-
nues nomades, parcoururent les campagnes ravagées.

Après cent ans d'oubli, les Berbères trouvèrent
dans Belizaire un libérateur qu'ils accueillirent avec
faveur. A la suite de la chute des Vandales dépossé-
dés par les Gréco-Byzantins, les provinces Africaines
se repeuplèrent et de nombreuses villes furent re-
construites. L'organisation administrative avait aussi
été reconstituée par les lieutenants de Justinien,
mais cette restauration apparente, maintenue durant
un siècle, fut trop courte pour permettre aux populations, grossières et divisées par les hérésies, de revenir à l'état florissant passé. La période qui suivit
n'offrit qu'une succession de bouleversements et de
crises intestines. Une odieuse fiscalité paralysait
toute réorganisation; l'état de misère et de révolte
se perpétua jusqu'au VIIᵉ siècle.

Les indigènes n'acceptaient plus de maîtres, leurs
soulèvements se succédaient contre ces Romains de
Byzance qui ne savaient plus se défendre. Les Goths
chassés d'Espagne arrivèrent alors dans ces provinces que les pillards arabes envahirent ensuite vers
l'an 632. A peine affranchis de la domination étrangère qu'ils avaient eu tant de peine à secouer, les
Berbères se dressèrent énergiquement en face des

nouveaux conquérants, mais ils étaient désunis, sans chefs et sans discipline. Ils ne surent pas se liguer, aussi leur résistance fut-elle brisée par une armée de 200.000 hommes que soutenait le fanatisme religieux. Ils luttèrent néanmoins plus d'un siècle avant que de subir les lois de l'Islam pour lesquelles ils devaient plus tard témoigner d'une ferveur aussi intolérante que celle des premiers croyants.

Ces invasions successives avaient supprimé la vie économique et étouffé les derniers vestiges d'institutions Romaines. Quand les Khalifes firent irruption dans cette Mauritanie tant convoitée où leurs hordes dévastèrent les campagnes et anéantirent les villes, ils rencontrèrent les fils des Numides installés depuis plus de deux mille ans et qui constituaient toujours le fond de la population. C'est par ces Berbères vaincus que les Arabes vainqueurs furent absorbés tout en faisant adopter, même aux peuplades des régions les plus accidentées, leurs mœurs et leur religion. L'Islamisme avait apporté ses grands principes : le communisme et le fatalisme. Les Arabes, venus avec la première migration, n'avaient pas un siècle d'occupation lorsqu'ils furent chassés par les Berbères insurgés. Ils ne mirent les populations sous leur dépendance que trois cents ans après, vers le X⁰ siècle, par la grande invasion d'un million de nomades qui supprimèrent les États indigènes à peine reconstitués et apportèrent dans les tribus l'élément Sémitique. Cependant le Coran ne devint la loi de la généralité des indigènes que vers les XI⁰ et XII⁰ siècles avec les Almohades qui imposèrent partout les pratiques de la religion musulmane.

L'occupation du pays par ces nomades fut exclusivement militaire. Ils n'introduisaient aucun élément colonial et pour cela leur conquête demeura éphémère. L'influence dissolvante de cette race belliqueuse dont les doctrines fanatiques et les mœurs brutales devaient s'insinuer graduellement, fit obstacle à la constitution d'une unité politique Berbère. Le peuple Arabe se croyait l'élu de Dieu et cette prétention le portait à s'attribuer une certaine suprématie sur tout ce qui n'était pas musulman. Il vivait dans l'attente d'un messie libérateur et puisait toute sa force dans sa religion. Il atteignit un degré de développement avancé sous la juridiction des Khalifes de Damas, de Bagdad et de Cordoue. La puissance des Arabes s'étendait alors de l'Asie aux Pyrénées ; leur littérature, leur commerce, leur science de la chimie, de l'algèbre, de la médecine et de l'astronomie était surtout remarquable au XIIᵉ siècle. Ces Maures qui créaient un merveilleux système de culture et d'irrigations dans les plaines de Valence et de Grenade, n'étaient pas des Sémites purs. Après s'être servis des Berbères convertis pour envahir l'Espagne, les nomades avaient aussi ménagé et utilisé cette race à laquelle ils durent les progrès de leur civilisation. Cette civilisation n'a pris son essor, dit Renan, que dans les contrées où les Arabes ont été noyés dans l'élément Berbère passé à l'Islamisme. Vers le XIᵉ siècle les populations autochtones s'étaient affranchies et avaient reconquis leur autonomie complète. Les rivalités entre diverses dynasties avaient permis aux indigènes d'abord de battre les Syriens envoyés pour les réduire, puis de se soustraire à l'autorité des Khalifes.

Au moyen âge l'Afrique septentrionale était occupée par des groupes fractionnés et ennemis. L'élément Berbère ayant repris la prépondérance avait imposé ses coutumes pour ne garder de la domination Arabe que la langue et la foi. La condition sociale des habitants n'en fut pas moins malheureuse et précaire durant cette période de dissensions intestines et d'anarchie profonde qui désolèrent ces contrées plus de quatre siècles.

Les Musulmans après avoir atteint une demi-civilisation comparable à celle des peuples européens avant la Renaissance se complurent dans une routine qui les fit bientôt distancer. Une fois les traditions rompues, les ressources intellectuelles et matérielles accumulées par les générations précédentes furent rapidement anéanties. Ils ignoraient qu'une nation, pour éviter la décadence, ne saurait s'arrêter et qu'il lui faut comme ses concurrents viser un perfectionnement continu. Malgré le rapprochement tenté au moment des croisades par l'essor économique des villes de Gênes et de Venise, qui, dans leur développement remarquable, commerçaient avec les Maures des rives de la Berbérie, le monde musulman demeura isolé.

L'Espagne, aux plus beaux jours de sa puissance, ne

chercha pas à attirer à elle les tribus indigènes par une tutelle paternelle. Sa plus grande faute fut de ne semer dans ses territoires d'Afrique aucun germe de colonisation.

En 1515, après avoir pris Alger, Barberousse, un aventurier, se trouva maître des populations Berbères dont l'état de division facilita l'établissement de la puissance Turque. Les indigènes subirent une nouvelle domination étrangère. Livrée à elle-même, cette population n'avait pas su profiter de l'indépendance pour se constituer en nation homogène, et de tous les maîtres qu'elle s'était donnés, Rome seule durant deux siècles, lui avait assuré la prospérité sous un gouvernement régulier. Quand les Beys s'attribuèrent la suzeraineté du pays, leur procédé d'administration se résuma dans l'occupation des villes et dans l'utilisation des familles Maghzen chargées de maîtriser une agglomération d'éléments ethniques divers. Les Turcs s'appuyaient encore sur l'antagonisme des tribus qu'ils opposaient les unes aux autres et ils exploitaient l'influence des marabouts attachés à leur cause par mille faveurs et immunités.

Au XVIIe siècle, les Turcs en Algérie s'étaient partout arrogé une suprématie que l'aristocratie Berbère déchue et sans vigueur ne leur contestait pas. Trois cents ans, ces orientaux formant un groupe restreint de soldats et de fonctionnaires conservèrent un pouvoir qu'ils devaient à la faiblesse des indigènes. Dans les villes, ces Musulmans étrangers s'étaient fusionnés avec les populations locales pour former par le mariage une population qui subsiste encore. Ce sont les Khoulouglis et les Hadris. Afin d'assurer le calme dans les douars, ils concédaient leurs pouvoirs à des tribus guerrières chargées, moyennant certains droits, de faire respecter leur autorité. Ces postes de mercenaires disséminés sur le territoire s'imposaient en terrorisant les indigènes qu'ils razziaient et dépouillaient sans merci.

Sous ce régime les cultivateurs n'avaient que l'usufruit des terres de culture qui par des répartitions arbitraires étaient mises à la disposition des fellahs. Caïds et Aghas opprimaient les populations suivant leur bon plaisir. La condition de ceux que l'on excluait des attributions de terres était épouvantable. Associés au 5ᵉ ils tiraient de leur travail à peine de quoi vivre et ceux qui ne trouvaient pas à s'employer succombaient de misère. Un tel mode d'occupation assez semblable aux procédés Marocains actuels détermina un véritable état de barbarie. Des impôts considérables perçus arbitrairement, la justice entre les mains de cadhis sans conscience, les razzias périodiques entre les tribus avaient appauvri le pays. L'établissement de ces Turcs qui gouvernaient par la fourberie et la violence fut aussi précaire que celui des Arabes parce qu'ils ne s'étaient, pas plus que leurs devanciers, préoccupés d'installer une population coloniale en laquelle ils auraient pu trouver appui. Arabes et Berbères unis par le fanatisme, vivaient côte à côte sous cette domination que nous avons trouvée en pleine décrépitude.

ÉPOQUE CONTEMPORAINE

L'étude de la législation et de la jurisprudence Algériennes depuis la naissance de nos établissements de l'Afrique, permet de comparer la condition initiale d'une race hostile par ses préjugés aux conceptions modernes, mais qui cependant s'associe insensiblement aux progrès dérivés de nos institutions.

Dès la promulgation de l'ordonnance de 1834 qui consacrait notre occupation jusque là indécise, nous avons mis en face, juxtaposés, deux éléments hétérogènes : une société rudimentaire de mœurs pastorales et un peuple civilisé. Devions-nous écraser les faibles et supprimer l'espèce moins bien douée ? l'indécision n'a pu nous peser longtemps, car un simple retour en arrière nous a rappelé que les êtres vivants arrivés comme nous à la dernière étape de l'évolution, ne sont parvenus que très lentement à une organisation policée. L'avenir nous est apparu comme la formation d'un ensemble régulier ayant une certaine unité morale sans être homogène. Nous avons ensuite appris que la vie des sociétés résultait du milieu physique. L'existence facile et les productions spontanées du sol, sous certains climats, ont une influence déterminante sur les peuples. Il en est ainsi chez les pasteurs pour lesquels n'existe pas la préoccupation d'améliorer un état qui date des temps bi-

bliques. Ces hommes s'en tiennent à la propriété exclusivement mobilière et les ressources nécessaires à
leur existence stationnaire sont créées par l'échange
et le travail domestique des femmes qui suffit à l'ali-
mentation et au vêtement.

A l'origine, nous avons trouvé l'indigène vivant en
communauté dans la famille patriarcale fondée sur
l'autorité du chef de tente, autorité qui tend à disparaître à mesure que nous affranchissons les individus.
En effet beaucoup d'Arabes pasteurs, depuis que la
sécurité leur est assurée, sont devenus sédentaires,
puis peuples agricoles au milieu des Berbères avec
lesquels ils se sont mélangés. Par suite des échanges,
les agrégats de tribus indépendantes se sont formés.
Progressivement le travail et la fusion des intérêts
ont développé les rapports et poussé à la pénétration
des groupes qui, par solidarité contractuelle, ont
constitué une unité économique, sorte de fédération
musulmane.

Les Arabes proprement dits sont en minorité ; ils
ne se retrouvent exempts de tout mélange que sur
les confins des hauts plateaux et du Sahara. Leur nombre ne dépasse pas le cinquième de la population dont
le fond se compose de Berbères dans une proportion
écrasante. A côté du groupe principal kabyle on rencontre dans l'Aurès, dans l'Ouarensenis et dans le
Mzab une race mixte, vivace, capable d'efforts, qui
ne saurait obéir aux mêmes principes que les Arabes.
Le type primitif du Sémite des invasions ne s'observe
guère que chez les nomades du Sud, de même que le

Kabyle du Djurjura représente seul la race autochtone. C'est l'alliance plus ou moins étroite de ces groupes installés dans le Tell et sur les hauts plateaux qui a reçu à tort le nom générique d'Arabes par lequel on désigne communément les Berbères islamisés.

Maures des villes, Kabyles, Arabes nomades et Berbères-Chaouïa dotés d'un état social distinct n'étaient vraiment liés que par la sympathie religieuse ; aussi la domination de ces hommes aux conceptions et aux besoins différents s'est-elle présentée à nous comme un problème complexe. Le caractère Arabe, malgré son fatalisme, n'est pas irréductible et séparé par un abîme du monde moderne ; il y a de belles pages dans ses annales. On perd trop de vue que ce peuple garde intact le souvenir d'une époque à laquelle l'Islamisme dominait par la conquête et le développement moral. Nul peuple n'étant plus irritable que le peuple musulman qui ne voit pas de bonheur en dehors du respect des traditions religieuses, il serait imprudent de méconnaître ses droits préexistants.

La civilisation n'est pas l'intervention autoritaire du peuple conquérant qui entend imposer l'ensemble de ses idées, pas plus que le rapprochement des Berbères laborieux n'est la fusion, au mépris des susceptibilités, d'une race impressionnable. C'est l'erreur commise par ceux qui ont pensé démocratiser et Franciser quand l'assimilation ne saurait être entrevue avant de longues années. La chrétienté pour nous comporte des frontières, tandis que pour tout bon Musulman, l'idée de patrie se rattache au pays de

l'Islam, terre où domine la foi des croyants solidaire-
ment dévoués à la cause sainte du prophète.

Les Arabes surent conquérir l'âme des Berbères en
leur donnant leurs idées, leur langage et leurs lois ;
mais c'est par la religion qu'ils ont façonné le cœur
et l'esprit des populations. La société occidentale
issue de la civilisation Gréco-Romaine se différencie
de l'Islamisme en ce qu'elle s'est détachée du dogme
et ne saurait chercher dans la foi une force destinée
à pétrir les consciences. C'est à d'autres éléments que
nous voulons devoir l'union et l'association fécondes.

A travers les siècles en Algérie, on retrouve le
même fond indigène : le Berbère, rameau dérivé du
groupe Indo-Européen qui s'est perpétué sous la domination étrangère. Les Chaouïa de l'Aurès et de
l'Ouarensenis, les Berbères des Traras et des environs
de Saïda tous attachés au sol et jouissant de la propriété individuelle, ont été fortement pénétrés par
la conquête arabe. L'unique foyer de race intacte se
trouve dans la grande Kabylie où, tout en subissant
l'influence des Sémites purs, les indigènes ont su garder leur idiome distinct. Les Kabyles, descendants
des Mauritaniens primitifs, appartiennent à la famille
Berbère des Sanhedja. Refoulés dans les régions
montagneuses par les envahisseurs Romains, Vandales et Byzantins, ils ont vu pour la première fois
leur territoire conquis en 1854. Malgré 800 ans d'infiltration arabe, ces Berbères du Djurjura ont dégagé
pour partie leur nationalité propre. S'ils ont accepté
le Coran comme livre religieux, ils ne l'ont pas adopté

comme Code civil et leur organisation est restée in-
dividualiste, fort proche de la nôtre.

Pour les Arabes le Coran est la règle unique ; droit,
religion et morale en dérivent. Pour les Kabyles le
dogme se sépare du droit ; la coutume, bien que mé-
langée parfois de règles introduites par les Marabouts et les Cadhis arabes, est restée prépondérante.
Cette race que les plus puissants conquérants de l'A-
frique du Nord n'ont pu assujettir, possède pour la
nôtre une affinité qui se trouve en germe dans ses
institutions nationales.

Nous avons rencontré chez ces montagnards une
organisation sociale très imparfaite, mais témoignant
d'un esprit d'association et de solidarité remarquable. Loin d'admettre comme les indigènes nomades
le pouvoir absolu dérivé de la force, ils vivaient en
communautés, jaloux de leur indépendance, cons-
cients de leurs droits et de leurs devoirs. Toujours
ils ont placé au-dessus des prescriptions religieuses
les Kanouns qui ne sont pas une loi écrite. Ce droit
traditionnel, reçu des ancêtres et souvent altéré par
des modifications de détails d'une tribu à l'autre,
sauvegarde ce principe : Tous les hommes sont égaux
devant la coutume. Cette organisation démocratique
détermine surabondamment quels progrès les aspirations kabyles peuvent permettre.

Dans quelques autres régions le groupe aborigène
a, il est vrai, subi l'influence arabe au point d'oublier
son dialecte et les massifs accidentés seuls abritent
ces fils des Lybiens ayant gardé intense le souvenir

de leur origine qui se révèle par les usages et le langage. Pour l'habillement et pour bien des habitudes ils se sont pourtant assimilés aux Arabes dont ils ont adopté la religion de telle façon qu'ils se montrent plus zélés et plus fanatiques que leurs éducateurs.

Avec nous ces mêmes indigènes s'accoutument à un bien-être et à une liberté qu'ils n'avaient pas connus jadis, sous le joug despotique de leurs maîtres musulmans. Depuis moins de quarante ans que nous occupons leurs tribus, n'étant plus exposés aux luttes intestines qui les ruinaient, libres de travailler et de parcourir toute l'Algérie en pleine sécurité, ils profitent largement de la protection que nous assurons. Les échanges commerciaux que nous favorisons et l'introduction d'éléments agricoles ne peuvent qu'assouplir cette race encore inculte, mais non pas réfractaire puisqu'elle dérive de source Aryenne.

Pour apprécier exactement l'état social d'un peuple et ses tendances, il y a lieu d'étudier surtout les questions capitales qui touchent à la famille et à la propriété. La race Kabyle, paraissant la plus apte à suivre l'impulsion de nos institutions, nous permet de raisonner et de rechercher par analogie quelle méthode nous devons adopter pour inculquer notre civilisation aux Berbères.

De tout le droit musulman nous n'avons réellement conservé aux Arabes que les dispositions régissant leur statut personnel et leurs successions. Par la loi de 1873 leur statut réel immobilier a déjà reçu une première atteinte qui est un véritable acheminement vers notre droit commun. Ces principes imposés sans difficulté en pays arabe, nous les avons encore plus facilement propagés chez les montagnards de la grande Kabylie. Ainsi donc, aux indigènes Algériens nous n'avons laissé de toute la doctrine du prophète que les textes visés par le décret du 13 décembre 1866. Or les Kabyles, malgré leur ferveur religieuse, ont toujours opposé leur droit coutumier au droit musulman pour tout ce qui a trait au statut personnel. Quoique croyants zélés, ils ont résisté à l'influence du Coran au sujet de leurs questions de famille réglées par des traditions héréditaires. Par conséquent, pour amener les Berbères à un état social peu différent du nôtre, il nous reste à battre en brèche ce qui subsiste encore de leur droit coutumier, certainement moins irréductible que la législation dérivée du Coran.

Afin de démontrer la possibilité de substituer nos principes sans bouleversements, sans protestations de ce peuple cependant si attaché aux usages pieusement suivis depuis un temps immémorial, nous analyserons la condition de la femme qui n'a pas d'existence légale en Kabylie où les hommes seuls ont le droit de succéder.

Le mariage est consenti sur une simple déclaration verbale devant l'amin ou le président du douar. Ni la Djemaa ni les Cadhis ne sont appelés à consacrer les unions. Le père vend sa fille au plus offrant sans consentement de la fiancée, sans rédaction d'acte.

D'autre part, il n'existe pas de divorce pour la femme
kabyle et le mari seul peut répudier, parfois sur un
simple caprice, en prononçant une formule. Néanmoins, en vertu d'un odieux privilège, alors que ce
mari est libre de prendre une autre épouse, la chaîne
du mariage brisée pour lui ne cesse de lier la femme
qu'il peut ainsi maintenir sous sa dépendance ! c'est
là le plus dur esclavage. Les usages kabyles placent
donc la femme dans une condition plus rigoureuse
que la loi musulmane et d'indignes abus se perpé-
tuent sans que nous puissions réagir contre des Kanouns barbares dont nous tolérons l'application stricte
par respect du décret de 1874.

Reportons-nous au texte de la coutume kabyle :
« La loi ne fixe aucun âge légal pour la consommation du mariage et le père a le droit de livrer aux
caresses de l'acheteur son enfant impubère. » En
vertu de cette loi immorale, les Kabyles n'ont jamais
renoncé à se marier avec des filles de 9 à 10 ans,
c'est-à-dire n'ayant pas atteint leur développement
physique. Il est vrai que, pour tempérer cet usage, le
mari prend l'engagement de respecter sa femme
jusqu'à sa nubilité, mais dans la pratique l'observation de cette promesse est laissée à la discrétion de
la famille du mari chez laquelle la fiancée s'installe
le jour même du mariage. Trop souvent la fillette est
déflorée par le mari convaincu de son droit absolu de
disposer d'une femme qu'il a payée. La complicité
des parents acquise par le paiement de la dot, autant
que la résignation de ces enfants martyres, terrori-

sées par leur brutal seigneur et maître, ne permettent guère l'intervention de la justice. Rarement renseignés sur des actes abusifs considérés comme un droit légitime, les magistrats français n'ont que très accidentellement à réprimer ces monstrueux excès qualifiés : viols, blessures volontaires ou attentat à la pudeur avec violences.

Une telle organisation de la famille constitue une véritable barrière que nous avons cependant fortement entamée. Pour déraciner ces abus du vieux droit kabyle, les chefs de la Cour d'Alger ont formellement interdit aux présidents de douars, sous menace de poursuites, toute union entre un homme fait et une enfant de 9 ou 10 ans. Bien des Kabyles se sont inclinés parce qu'ils ont compris que nos institutions sont plus justes et que nous avons du mariage une conception plus humaine qu'eux. Sans doute la suppression de cette coutume capitale, vieille de plus de mille ans, aura dû nécessiter un mouvement législatif ayant une autorité considérable pour briser toute opposition ? Eh bien ! non, il a suffi, non pas d'une loi ou d'un décret, pas même d'un arrêté du Gouverneur, mais d'une simple circulaire édictée pour les Cadhisjuges en pays arabe et pour les présidents de douar kabyles qui ne doivent pas recevoir de déclaration de mariage quand l'un des époux a moins de 15 ans.

Pour ce qui touche au dogme religieux, la foi des Kabyles est aussi rigide que celle des autres croyants, mais cependant ces disciples de l'Islam méconnaissent partie des prescriptions de la loi civile fondée sur le Coran. Par conséquent, aucun obstacle absolu ne s'oppose à la transformation de leur vieux droit coutumier qui consacre une constitution sociale peu éloignée de la démocratie. Sur ce point, les analogies de leurs institutions avec les nôtres sont les prémisses d'une assimilation relative.

Avant la conquête, les notables de la Djemaa représentant la communauté avec des pouvoirs sans limites, réglaient la majeure partie des affaires politiques, administratives et judiciaires. Conformément à la coutume, ils rendaient des décisions souveraines. Notre objectif maintenant ne peut être que la réforme des usages dans ce qu'ils ont de trop contraire à notre morale. Déjà, le Code pénal a remplacé les Kanouns qui réglementaient la justice répressive. Nous ne pouvions consacrer la peine du talion et le droit à la vengeance, mais il nous reste encore à relever la condition de la femme. Age, nubilité, mariage, droit au divorce, sans thamanth ou prix de répudiation, sont des questions à réglementer, de même qu'une part doit être attribuée à la femme héritière, dans les conditions prévues par le Coran qui lui réserve un tiers de ce qui revient à l'homme. Ces réformes ne sauraient être entreprises sans l'avis des Djemaa qu'il faut amener et contraindre même aux concessions. Une fois ces assemblées convaincues, leur influence fera vite accepter les remaniements que nous estimerons utiles dans l'intérêt de tous.

En pays kabyle, la propriété se trouve parfaitement définie, limitée et constatée le plus souvent par des titres écrits. La coutume présente quelques analogies avec notre législation civile : en matière d'adoption et d'interdiction ; au sujet des droits d'accession et d'alluvion ; pour la distinction des biens en meubles et immeubles ; enfin en matière d'usufruit et de servitude. L'hypothèque qui dénote un certain degré de civilisation existait chez les Kabyles, conférée par acte écrit, alors que le droit musulman n'admet le gage appliqué aux immeubles qu'autant qu'il y a dessaisissement réel chez le débiteur. La coutume, comme notre Code, reconnaît un privilège au vendeur non payé. Elle déclare qu'en fait de meubles, possession vaut titre, sauf pour les objets ou immeubles volés qui ne peuvent s'acquérir par la prescription. Ce rapprochement succinct suffit à établir que le droit traditionnel d'un peuple primitif, sur bien des points est voisin de notre législation dont il pourrait être facilement rapproché, si l'on se souvient surtout que le vrai trait d'union, ce sont les intérêts matériels.

Les Kabyles sont avant tout utilitaires et la plupart s'expliquent fort bien la portée de nos innovations. Cantonnés dans leurs montagnes, ils se révèlent industrieux, quoique leurs procédés sommaires ne soient que la transformation des matières premières, rendues par un travail simple, propres à l'usage. Commerçants pratiques, astucieux et infatigables ils sillonnent les trois provinces. Ils sont agriculteurs, âpres au gain et durs au travail, sachant défricher et laisser reposer le sol en alternant les produits. Ils se rendent compte de la valeur des engrais et leurs cultures produisent des céréales, des légumes et des fruits. Dans toutes les villes de l'Algérie, les Kabyles sont employés par les Européens qui apprécient leurs services. On les voit rapidement adopter nos habitudes et même notre costume. Encore quelques générations de relations étroites et certainement ils ne sembleront plus être des hommes bornés, rebelles aux transformations.

De telles constatations de faits permettent de se demander si le même système d'administration pourrait réussir avec les Berbères islamisés qui constituent le fond de la population rurale du Tell. Nous croyons que ce qui est vrai pour les Berbères purs le serait pour les indigènes mélangés de sang sémite, car nous avons des exemples de la transition à espérer, notamment dans la vallée de l'Isser où des tribus arabes ont adopté le régime des Djemaa et les institutions des Kabyles qui les entourent.

Si l'on convient que ces Kabyles discernent le but que nous poursuivons, la véritable masse indigène berbère demeure étrangère aux questions d'humanité et aux réformes libérales qui nous préoccupent. Nous sommes en présence d'une société désorganisée et défiante qui subit l'impulsion. Il ne pourrait d'ailleurs en être autrement puisque le premier travail d'initiation est à peine commencé.

Pour définir le régime applicable à une colonie quelconque il faut retenir que le véritable élément de richesse c'est l'indigène, bien plus que l'immigrant. Notre intérêt le plus clair consiste par conséquent à régénérer le peuple indigène dont nous avons assumé la tutelle. Dans un pays d'organisation inférieure, l'expansion ne tend pas uniquement à accroître l'intensité des rapports commerciaux et des besoins physiques de la population ; l'idée d'un devoir moral doit primer de telles considérations.

Quelques années après notre débarquement, la France ayant décidé l'occupation de toute l'Algérie, nous avons eu à envisager la conduite du vainqueur à l'égard des indigènes. Devions-nous les cantonner et les écraser suivant le système Américain, ou les refouler inexorablement au delà du Tell dans la région des hauts plateaux ainsi que l'on a fait en Australie ? Pouvions-nous songer à la dépendance servile exclusive de toute idée humanitaire comme aux Indes, ou bien devions-nous introduire l'élément Européen destiné à coloniser et à initier les populations à nos procédés de culture ? c'est ce dernier programme que l'on a sagement adopté et nous en poursuivons encore l'accomplissement.

Ne pouvant absorber ces Berbères, il nous faut les élever, les gagner à notre cause, en un mot les mettre à l'unisson par de bonnes institutions. L'organisation de l'Afrique a été pour nous un point d'honneur, toutefois pour justifier ce sentiment de légitime satisfaction, il nous reste à aborder la partie la plus ardue du problème.

Le croisement des races constitue un mode physiologique d'assimilation que nous n'avons pas à entrevoir ; la fusion par le mariage est un système observé

seulement dans certains États de l'Amérique du Sud.
La naturalisation apparaît d'autre part comme un
procédé qui n'est pas encore mûr, car si les indigènes
se croyaient nos égaux nous serions vite les plus
faibles. Le rapprochement par l'éducation, en tenant
compte des exigences spéciales aux hommes et aux
choses, demeure la préoccupation des esprits impar-
tiaux qui tendent vers le droit commun sans rêver
l'assimilation absolue. Les deux races se différencient
par les mœurs, par la langue et surtout par la religion intimement liée à tous les actes de la vie d'un
musulman. Néanmoins le contact, en facilitant l'éducation morale permet de lutter contre ces obstacles.

Les sentiments réciproques des chrétiens et des
musulmans autrefois ennemis et qui, sans abdiquer
leurs croyances, sont parvenus à se supporter, témoigne d'un premier résultat atteint. Par la concession
des libertés civile et religieuse, par la répartition
équitable et la protection de la propriété, par le
développement du travail, par l'encouragement des
progrès agricoles, par l'écoulement facile des produits, enfin par la communauté des intérêts, l'indigène sera placé dans l'impossibilité de résister à
notre pénétration, car l'intelligence asservit toujours
la force.

Notre arrivée a été pour les indigènes des tribus
une véritable délivrance parce qu'ils étaient sous les
Turcs dans une condition analogue à celle des serfs
de la France monarchique. Que de par son essence
cette population incline à demeurer stationnaire, est-

ce à dire qu'elle n'est pas assez vivace pour faire des concessions à l'esprit moderne. Il n'était pas possible de porter brutalement atteinte au statut réel et au statut personnel sans s'exposer à une véritable révolution. Il a donc fallu temporiser et nous continuons sagement cette politique de ménagements.

N'avons-nous pas déjà enrayé la dégénérescence de ce peuple qui depuis des siècles rétrogradait. Notre tendance réformatrice s'efforçait de ne rien froisser pour arriver à une tolérance religieuse qui semble à peu près acquise. N'est-ce pas un sensible résultat que d'avoir inauguré une ère nouvelle en maîtrisant le fanatisme qui est le plus dangereux obstacle à la marche sociale. Nous avons maintenant à faire entrer dans le cercle de notre progrès trois millions de Musulmans qui vivent de l'industrie agricole et ne forment pas une race sans vigueur ni sans avenir. La métropole, tout en se préoccupant des bénéfices éventuels de l'entreprise coloniale en compensation des sacrifices, peut céder à des considérations de politique abstraite qui dérivent de la pensée légitime d'affirmer notre puissance par la civilisation. Les grands peuples qui ont exploité un domaine en Afrique s'étaient fait du développement moral de la population indigène une loi d'existence sociale.

Les Anglais, dont les aptitudes colonisatrices se sont révélées seulement au XVIe siècle, inaugurent pour chaque colonie un régime spécial, au gré des événements et de leurs intérêts. Certains territoires des Indes ont été abandonnés aux Radjahs qui les

administrent à l'aide d'une sorte de protectorat.
Ailleurs, quand l'élément national leur paraît assez
important, les Anglais accordent l'autonomie.

De continuelles incertitudes entre le rattachement
pur et simple de l'Algérie à la France, et la formation
d'une colonie annexe dotée d'une grande indépendance, ont retardé les résultats. S'il nous avait été
donné au début, une constitution spéciale consacrant
une large décentralisation, nous aurions suivi une
marche uniforme vers l'autonomie administrative et
financière, sous l'autorité du Gouverneur muni de pouvoirs très étendus.

Pour ne réclamer qu'une organisation appropriée et
des lois d'exception, nous ne repoussons pas le droit
commun qui sera l'objectif auquel on atteindra.....
plus tard. Un regard rapide sur le passé nous rap-
pelle que les Romains respectaient la religion des
vaincus, mais les anciens Lybiens et les Maures s'accommodaient facilement des dieux étrangers, tandis
que la religion musulmane nous crée un obstacle
profond. L'œuvre est pour nous plus difficile. Prenant part à l'accroissement de la richesse, devenus
propriétaires, policés par l'éducation romaine et admis aux honneurs, les Berbères, après deux siècles
de vie commune s'assimilèrent aux envahisseurs. Ils
s'adonnaient avec confiance à la domination étrangère sans perdre totalement l'esprit national. La fusion des intérêts Numides et Latins se manifestait,
chacun conservait sa nature propre, mais on consta-
tait l'empreinte de la nation supérieure.

Nous le retrouvons ce caractère primitif, modifié peut-être, quoique très personnel, malgré les dominations Carthaginoise, Romaine, Vandale, Byzantine et Arabe. Ces différents maîtres qui n'ont pu pénétrer entièrement les Berbères leur ont fait cependant accepter partie de leurs habitudes, de leur langue et de leur législation dont ils se sont accommodés précisément à l'époque à laquelle ils atteignirent l'apogée de leur civilisation.

Ce mélange de deux variétés ethniques si différentes, sans devenir l'identification parfaite produisit au IIIe siècle de notre ère dans les villes et dans les régions cultivées, une population d'Africains métis-romanisés, distincte de la race pure cantonnée dans les montagnes. L'affinité des espèces ne saurait donc être regardée comme une condition rigoureusement indispensable à l'assimilation. Un second exemple apparaît chez les Berbères qui se sont mélangés avec les Arabes malgré de profondes divergences d'origine. Les éléments de population que nous retrouvons aujourd'hui, bien que dans la race autochtone se soit infusé du sang sémite, sont peu différents de ceux que rencontrèrent les anciens conquérants.

Vers 1845 les premières idées d'assimilation se produisent sans succès. Les indigènes vivaient misérablement et nous ne songions ni aux améliorations agricoles ni au perfectionnement moral. Un abîme séparait les vaincus des Européens. Par le sénatus-consulte de 1863 une phase nouvelle commença. La construction des routes et des chemins de fer, l'ins-

tallation des villages et les travaux accessoires de
notre outillage économique activèrent les relations
commerciales et créèrent un courant qui rapprocha
les colons des indigènes. L'organisation un peu complexe qui règle les détails de notre vie publique, a
fait naître dans ces natures indolentes un sentiment
de surprise ou de crainte auquel succéda, chez les individus de sélection d'abord, le désir de posséder le
même ensemble de règles contribuant au bien-être. Il
suffit donc de suggérer à la classe aisée, plus disposée à obéir à l'évidence ou à la raison, cette intuition
des résultats bienfaisants. Si les premiers degrés
semblent pénibles à franchir, retenons que les espèces humaines ne sont pas irrémédiablement séparées,
puisqu'elles ont toutes aussi intense le sentiment de
l'équité. L'élite, la fraction intelligente étant ralliée,
nos idées seraient dans l'air et son influence spéciale
imprimerait l'impulsion.

La colonisation et le commerce sont les premières
forces qui doivent contribuer à faciliter l'association
et nous seconder ensuite dans nos tentatives de relèvement. Ne nous sommes-nous pas donnés comme
une race libératrice respectant les croyances et ne
voulant modifier que les usages surannés ou les préjugés qui étouffent? Avant que de songer aux notions
de liberté, au droit de vote et à tant d'autres questions
d'ordre social qui constituent actuellement de véritables utopies, ne faut-il pas d'abord faire sentir aux
indigènes les dangers de l'isolement et les rendre
aptes à s'expliquer des conceptions aussi abstraites?

Le régime représentatif principalement est un mode d'administration que les masses indigènes accoutumées au pouvoir autoritaire ne s'expliqueraient pas. Quand, après plusieurs générations, la classe ignorante des fellahs de douars aura l'esprit suffisamment éclairé pour se détacher des vieilles traditions, alors l'assimilation pourra être envisagée.

En vérité la faculté de comprendre les progrès ne saurait être le patrimoine exclusif des Européens. Comparez le cerveau rudimentaire des indigènes d'aujourd'hui à celui des Européens, qui depuis plus de cent ans, par ce qu'ils ont vu et entendu, par les voyages, l'instruction, les livres et les journaux, ont senti le progrès s'infiltrer dans leur esprit ; tenez compte des coutumes réfractaires, des idées préconçues et d'une condition misérable ; voyez les Berbères pour la plupart isolés ne connaissant du monde qu'un village près duquel se tient un marché ; ignorant en partie notre civilisation ; imbus de toutes les superstitions, asservis par une religion étroite, uniquement préoccupés de leurs impôts ou de la vie matérielle et vous vous expliquerez que la transformation ébauchée ne saurait être l'œuvre d'innovations trop nombreuses ou hâtives. C'est en substituant à des institutions traditionnelles un peu rudes une législation conciliante ; c'est en apprenant à ce peuple le moyen d'accroître les satisfactions matérielles et de tirer un meilleur parti des forces de la nature que nous rapprocherons les deux groupes.

La pacification que nous avons poursuivie n'est

acquise que depuis 1867 ; mais les indigènes ont maintenant la ferme conviction que nous sommes forts et que, loin de vouloir les exterminer, nous visons leur relèvement. Ils ont certainement plus gagné que nous à l'annexion de l'Algérie car nous créons des ressources dont ils profitent en toute sécurité maintenant qu'ils sont délivrés de la tyrannie des Turcs. Avant la conquête, les lois écrites consacraient des coutumes empreintes de peines cruelles inspirées par des instincts frustes et par l'abus de la force. Ces rigueurs, nous les avons abolies à mesure que nous avons appliqué un système législatif compatible avec un nouvel état moral.

L'atténuation de l'arbitraire et la légalité absolue de tous les actes administratifs constituent un premier acheminement. Nous laissons aux indigènes leurs biens, nous consolidons les droits immobiliers qui étaient précaires, nous cherchons à initier la masse aux idées européennes et il se forme une réserve de connaissances et d'éléments de production qui assurent le lendemain. Déjà nous pouvons convenir que notre législation initiale en prédisposant à l'unité administrative, témoignait d'un certain souci des intérêts des vaincus. Nous entreprenons une œuvre de régénération par les institutions, qui fait de la constitution judiciaire la clef de voûte du système.

Cette société n'ayant pas atteint un grand développement, les devoirs civils comme les règles de prévoyance doivent être exprimés dans la législation qui les impose. La loi seconde ainsi les idées saines opposées à la violence des passions et à la brutalité des instincts personnels. La conception abstraite du devoir n'existe pas pour un peuple dans l'enfance ; de là résulte le besoin de garanties d'ordre et de justice qui président aux relations des diverses classes d'hommes. Les réformes, tout en paraissant limitées aux matières judiciaires touchent indirectement à l'état social et amènent les peuples soumis vers le droit commun des peuples civilisés. Tolérance religieuse, égalité devant la loi, équitable répartition des impôts sont d'appréciables résultats déjà obtenus.

Quoique le relèvement de la classe agricole s'opère fort lentement, il est incontestable que la misère dans les tribus a sensiblement diminué. Les monstrueux abus des grands et des petits représentants du pouvoir qui rançonnaient leurs administrés ont été abolis par nous. Le despotisme des Caïds depuis l'avènement du régime civil tend à disparaître ; ces chefs n'auraient plus maintenant l'impunité, ni la tranquille jouissance de leurs dilapidations. C'est une réorganisation entière qu'il faut poursuivre parce que la société arabe bouleversée, ignorante, livrée à elle-même a besoin d'une contrainte officielle : lois pénales, lois civiles conformes à ses traditions, mais empreintes d'un esprit nouveau. Elle attend tout de l'élément étranger qui détient l'autorité, condition impérieuse de toute législation efficace. Les efforts individuels n'aboutiraient pas seuls, aussi l'État chargé d'aviver les forces du pays et d'ouvrir des voies nouvelles à

7

l'activité individuelle apparaît comme l'instrument tout puissant et l'organe suprême de la justice.

Longtemps indécis nous avions conquis un territoire sur lequel nous ne savions quel régime il convenait d'acclimater. Les principes politiques du gouvernement, dès la première heure, étaient bien d'inspirer confiance aux populations. Nous pensions leur témoigner notre sollicitude en leur gardant les mêmes agents et le mode d'administration auxquels elles étaient accoutumées. Cependant l'œuvre est longtemps restée hésitante et sans fixité parce que pour réglementer l'avenir nous manquions des expériences du passé. Nous avions tout d'abord maintenu les institutions administratives et judiciaires du régime turc.

Le système militaire consistait à gouverner le pays en abandonnant le territoire aux indigènes. La loi musulmane, consacrée officiellement par la capitulation de 1830, servait de règle en matière de statut personnel et réel comme pour les questions de sécurité et de répression dans les tribus. Les chefs arabes investis par nous avaient pour mission de faire respecter notre pouvoir, tout en tenant compte des usages traditionnels. Ils conservaient leurs habitudes de spoliations, peu faites pour révéler nos intentions paternelles. La taxe sur les récoltes et les bestiaux était prélevée comme sous les Beys par des Caïds familiarisés avec les abus du régime fiscal turc. Il ne fallait pas compter sur l'assiette équitable et la perception régulière des impôts que nous avons apportées depuis, avec un ensemble de formalités compliquées. La loi française dans cette période d'études et de besoins imprévus ne pouvait nécessairement recevoir une application pure et simple, il fallait une législation spéciale. Les chefs d'alors, à la fois législateurs et soldats, procédaient par mesures provisoires prises d'urgence, sans travail préalable. Ce défaut de méthode et d'esprit de suite produisit le désordre et les erreurs que nous constatons dans cette succession d'ordonnances, de décrets et d'arrêtés contradictoires qui composent la législation algérienne. Ces décisions successives ont été peu à peu codifiées, puis d'éminents jurisconsultes les ont interprétées en soulignant le but à poursuivre.

Notre politique africaine, pour mieux réduire la constitution sociale indigène, visait à donner aux provinces des institutions concordant le plus possible avec celles de la Métropole. Une étude rétrospective, en permettant d'apprécier les hésitations de l'origine, démontre que progressivement un esprit libéral tendant à l'assimilation des lois civiles présida à l'élaboration des textes qui constituent notre droit algérien.

L'examen de l'évolution historique du phénomène de colonisation provoque la comparaison des institutions du pays, à l'époque primitive, avec la législation qui discipline les forces et réglemente les activités individuelles de nos jours.

Au lendemain de la prise d'Alger nous ignorions le régime social du vaincu. Cette race hostile délivrée du joug semblait peu disposée à reconnaître notre domination. La période des luttes qui furent nécessaires pour nous maintenir commençait seulement. On s'appuya d'abord sur des chefs influents qui dans les provinces protestaient de leur dévouement pour mieux masquer leurs ambitions personnelles. Il n'était pas question de développement pacifique ; la nécessité de nous défendre et de nous imposer prolongeait les violences de la guerre, il fallait vaincre. On discutait l'attitude que nous devions prendre en Afrique et les esprits les plus prudents conseillaient une occupation restreinte en exposant que les dépenses énormes, consenties et à prévoir, seraient sans compensation.

L'idée de la conquête prévalut enfin, les effectifs furent augmentés, les expéditions se succédèrent, il fallut abattre la résistance de notre énergique ennemi. De nombreux faits d'armes glorieux établirent notre prestige aux yeux des populations qui se résignèrent à la soumission. Brisés dans leurs coalitions, déçus dans leurs espoirs, les indigènes voyant notre domination solidement assise retournèrent aux conditions de leur vie antérieure.

Exploiter le pays à l'instar des Turcs au risque de l'épuiser ne pouvait être l'ambition d'un peuple généreux. Nous voulions administrer. Ce contraste si profond entre la puissance de travail du peuple initiateur et la prédisposition des indigènes à la vie contemplative, la survivance des instincts de razzia, le fanatisme qui rend défiants et une inertie décevante, constituaient des barrières en apparence insurmontables. Sans hésiter nous avons préconisé des tendances protectrices qui se reflètent dans nos premières dispositions réglementaires souvent paralysées par cette politique vacillante, faite de revirements, qui dura jusqu'en 1870.

Les divers régimes politiques de la France ainsi que les courants d'opinions opposées qui ont successivement modifié les méthodes en provoquant des tâtonnements multiples, furent la cause dominante de la stérilité de bien des efforts.

Le traité d'Alger laissait aux indigènes les libertés qui ont leur source dans le droit naturel. C'est la même conception d'un droit naturel développé par Jean-Jacques Rousseau dans son *Contrat social* qui a servi de base à l'erreur des physiocrates, lorsque dans l'ordre économique, ils posaient des règles s'appliquant à tous les individus, sur tous les points de l'univers, sans distinction d'époque ou de degré de civilisation.

Par la capitulation de 1830, nous n'avons pu aliéner ni le principe de droit international privé, posé par l'article 3 du Code civil, « les lois de police et de sûreté obligent tous ceux qui habitent le territoire », ni les privilèges de souveraineté qui comportent le pouvoir de légiférer en ménageant les droits acquis compatibles avec l'intérêt général. Nous ne devions aux Musulmans que la liberté de conscience, ce qui implique le respect du statut personnel dérivé de la religion du prophète. La tendance des Orientaux à rester stationnaires nous a contraints d'abord à surmonter un sentiment instinctif de répulsion pour tout ce qui venait des Chrétiens. L'organisation traditionnelle des tribus représentait une féodalité délibérante, — les institutions libres de la France n'ont pas d'autre origine.

Au début, nous avons maintenu cette division du territoire en gouvernements subdivisés eux-mêmes en douars commandés par des Caïds. Nous songions à lutter contre l'hostilité des populations que nous voulions soumettre. Les bureaux arabes avaient pris la direction de ce système d'administration qu'ils devaient modifier sans en altérer l'essence. La période antérieure à 1840 n'avait guère permis le fonctionnement de notre nouveau régime parmi des populations en état d'insurrection continue.

Dès 1842, le Gouvernement comprit que cette pacification bienveillante avec toutes espèces de garanties pour les personnes et les propriétés ne se développerait en tribu que sous l'action plus énergique de chefs français chargés de nous faire apprécier et respecter. De là date l'institution des bureaux arabes. Ces agents militaires au courant des besoins et des aspirations du peuple vaincu devaient introduire des habitudes d'ordre et d'humanité qui ont préparé l'avènement d'une réglementation sociale plus accentuée.

Se faire supporter, par beaucoup de tolérance et de fermeté, constituait notre premier desideratum. Nous comptions encore sur une action patiente et soutenue pour accoutumer les Musulmans à nos procédés réguliers. Nous savions nous montrer soucieux de leurs intérêts en rompant avec les traditions des Turcs qui les accablaient de charges, sans se préoccuper des crises agricoles.

Au fur et à mesure que le succès de nos armes garantissait la sécurité, nos moyens d'action s'implantaient, et les officiers français secondés par les chefs indigènes assuraient notre autorité. Graduellement, l'influence de nos fonctionnaires militaires se substituait au prestige des grands chefs ; notre souveraineté s'affirmait et nous utilisions à notre profit le crédit des agents indigènes.

Les bureaux arabes avec un pouvoir discrétionnaire, durant cette période où la fermeté se devait allier à la bienveillance, formaient une institution pratique. Dans cette misson de contrôle, chez nos officiers, l'intelligence des affaires, le sentiment du devoir et la bravoure donnaient des garanties jusque-là inconnues par ce peuple en enfance. Surveillance générale et répartition des impôts constituaient les principales attributions de nos représentants. Les tribunaux indigènes étaient maintenus dans les territoires où l'organisation européenne n'avait pas encore été introduite. Notre politique portait ses fruits grâce à l'action rapide et énergique du régime militaire.

Il est particulièrement instructif de suivre dans ses débuts la marche de notre occupation de l'Afrique où la France s'épuisait en efforts pour assurer la sécurité et la diffusion de nos lois bienfaisantes. Ces populations aux idées préconçues s'expliquaient mal nos tentatives de pacification, et des révoltes multiples, à peine terminées par la soumission de l'Aurès en 1847, compromettaient nos progrès en retardant l'avènement des plus heureuses réformes.

Il est admis que la diffusion de la civilisation dans une contrée, rencontre un milieu favorable quand le système législatif est approprié aux usages et mis en rapport avec les sentiments traditionnels qui gouvernent la vie aux phases sociales successives. Tels étaient les principes dont nos innovations s'inspiraient. Nous ne pouvions, en vertu d'un des attributs de la souveraineté, par application de la loi de ventôse an XII, décider que la législation indigène serait remplacée par la nôtre, puisqu'il n'existait aucun lien commun entre les coutumes locales des populations et les principes des vainqueurs. Nos projets consistaient à restreindre progressivement la compétence des juridictions indigènes pour en transférer les attributions à nos tribunaux.

Il est vrai que des divergences de vues et l'instabilité de notre politique contrarièrent cette transformation. Les expériences les plus contradictoires de rattachement et de décentralisation furent tentées aussi bien sous le gouvernement militaire que depuis, avec l'administration civile dont les premiers essais remontent à 1845. Ce nouveau régime avait pour objet de favoriser la colonisation par l'introduction de l'élément européen au milieu des indigènes. La communauté des intérêts devait peu à peu créer un terrain de conciliation et de rapprochement entre les deux groupes destinés à suivre côte à côte une même expansion coloniale.

Le droit pénal indigène était plutôt un recueil de jurisprudence répressive, car le Coran ne contient qu'un petit nombre de prescriptions sur cette matière. Les châtiments corporels étaient prononcés par les cadis. Comme première infiltration de nos idées, fondées sur le droit naturel et humain, nous avions à propager nos lois de répression relatives aux attentats contre les personnes et les biens. Les pouvoirs dont les cadis usaient de la façon la plus arbitraire leur furent enlevés en 1859. Cette suppression des juridictions indigènes transformées en juridictions personnelles était la première manifestation de nos droits contre ce qui heurtait notre civilisation.

La loi pénale cruelle à l'excès comportait des sanctions barbares telles que l'amputation d'un membre. La peine du talion, cette consécration du droit de vengeance, la lapidation ainsi que les autres modes d'expiation brutale, préconisés par les commentateurs du prophète, nous les avions supprimés sans tenir compte d'une application traditionnelle de plusieurs siècles. D'ailleurs cette sévérité farouche dans la répression n'avait pas un pouvoir d'intimidation absolument efficace puisque la sécurité laissait bien plus à désirer que de nos jours.

Examinons les diverses phases de l'organisation judiciaire en pays arabe depuis la conquête.

Conformément à la capitulation d'Alger qui réservait aux indigènes le libre exercice de leur culte et de leurs lois, les tribunaux musulmans et rabbiniques furent conservés et fonctionnèrent avec des attributions légèrement modifiées dès la fin de 1830. La France leur donnait l'investiture, mais le principe de souveraineté n'apparaissait pas encore bien nettement. A cette époque de luttes incessantes, la prééminence de l'autorité militaire s'imposait ; il n'était donc guère possible d'asseoir solidement les bases de la justice. Cependant les lois de police et de sûreté étaient devenues obligatoires pour les indigènes comme pour les Européens. Parallèlement à la juridiction israélite et à celle des cadis maures, nous avions maintenu les juridictions consulaires pour les étrangers tout en créant des tribunaux français pour nos nationaux.

Les infractions contre la chose publique et contre les propriétés avaient de suite été attribuées à une Cour de justice composée de magistrats français chargés de statuer dans des cas bien déterminés. Peu après cette Cour devint juridiction d'appel. En matière commerciale on appliquait les formes de la procédure française entre Européens. La plénitude de juridiction des cadis était limitée par des pouvoirs exceptionnels donnés aux conseils de guerre.

Dès 1834 le développement naturel des affaires fit élargir l'application du principe de souveraineté. Par la force des circonstances et aussi dans l'intérêt de notre politique, nous étions amenés à porter atteinte à l'indépendance des juridictions d'exception. Le premier système de transition fut abrogé par une organisation régulière comprenant un tribunal de 1re instance pour chaque province avec un tribunal supérieur à Alger. Des ordonnances restreignirent la compétence des tribunaux rabbiniques en matière criminelle. Pour les délits commis par les indigènes et jugés par les cadis, un droit d'appel fut institué en faveur du procureur général. Les tribunaux musulmans ne pouvaient connaître des crimes commis par les Musulmans qu'autant qu'ils n'étaient pas prévus par la loi française.

Par dérogation au droit commun, des dispositions spéciales créèrent les commissions disciplinaires, régime intermédiaire entre le système d'assimilation et la loi personnelle des indigènes. Cette innovation fut heureuse, car la base constitutive de ses attributions se fondait sur l'autorité d'un pouvoir discrétionnaire exercé, sans forme de procédure, par les mêmes chefs chargés à la fois de l'administration et de l'ordre public. Progressivement une jurisprudence se forma qui permit de promulguer une sorte de code prévoyant les infractions et les peines applicables.

Dès 1840, nos tendances s'affirmèrent énergiquement, grâce à l'existence d'une juridiction française qui réformait impitoyablement les décisions par trop inhumaines des juges musulmans. Notre qualité de conquérant nous permettait de nous réserver la compétence exclusive dans toute affaire intéressant la sûreté publique.

Par l'ordonnance de 1841, les attributions que nous avions jusque là abandonnées aux cadis, furent conférées aux tribunaux français. Les tribunaux indigènes ne pouvaient plus connaître que des infractions réprimées par la loi musulmane, mais ne constituant ni crime, ni délit, ni contravention prévu par notre droit commun. Parallèlement, la réforme en matière civile posait le principe de l'appel devant les juges français. La fondation des justices de paix modifiées et perfectionnées peu après, date de 1841. La véritable révolution, nous l'avons apportée avec l'ordonnance fondamentale de 1842. Des idées nouvelles se manifestaient sur la politique d'assimilation morale et sociale à substituer aux procédés de domination autoritaire suivis à l'égard des indigènes. Depuis cette époque s'observa l'application des principes de nos institutions, d'abord par l'établissement d'une hiérarchie judiciaire complète, puis par la création des services de l'instruction publique, des cultes, des domaines, de l'enregistrement et des douanes. La compétence des tribunaux de France en matière correctionnelle était donnée aux tribunaux d'Algérie qui relevaient d'une Cour d'appel créée à Alger. La connaissance des crimes leur était aussi attribuée. D'une manière générale, toutes les infractions commises en territoire civil et prévues par notre Code pénal, relevaient de la compétence des magistrats français, sans qu'il y eût de distinction à faire entre les Musulmans, les Israélites et les étrangers.

Les chefs militaires, après avoir assis notre domination, vers 1845, s'étaient attribué le gouvernement. Quinze années d'occupation nécessitaient des remaniements considérables que l'on apporta en instituant des subdivisions et des divisions commandées par des généraux, puis en constituant l'administration militaire avec des pouvoirs mieux déterminés. On avait formé des territoires mixtes commandés par des chefs militaires et des territoires administrés par des commissaires civils. En dehors de ces territoires il existait des villes englobées, formant des communes avec un maire et une municipalité indépendante. Ces fondations étaient calquées sur les principes de la constitution métropolitaine.

La création des commissaires civils était apparue comme la plus importante des innovations mises en vigueur. Ces agents disposaient d'attributions administratives et judiciaires. Bien que subordonnés à l'autorité des commandants militaires, leur rôle consistait surtout à faciliter la transformation des territoires par la pénétration de l'élément européen. Sous l'autorité des bureaux arabes, les cheiks, caïds, aghas et khalifas assuraient la police intérieure des tribus. A côté de ces représentants de l'autorité administrative, les cadis rendaient la justice d'après la loi civile et religieuse, ils réglaient les contestations, dressaient les actes de mariage, prononçaient les divorces et liquidaient les héritages.

L'ordonnance de 1842 comporta la création de nombreuses justices de paix et la perception des impôts fut confiée aux agents des contributions. En 1848, l'Assemblée nationale devait réviser la législation spéciale de l'Algérie et faire passer la population musulmane du territoire civil sous la direction exclusive des préfets et sous-préfets.

La prépondérance de la loi métropolitaine s'accentua principalement de 1834 à 1854, époque à laquelle certaines infractions, notamment les infractions à la loi religieuse qui étaient encore réprimées par la loi musulmane et jugées par les cadis, relevèrent désormais des tribunaux français, juridiction unique pour les indigènes comme pour les Européens. Vers 1850, on commença à promulguer en Algérie les lois appliquées en France et c'est en 1851 qu'intervint la loi sur la constitution de la propriété qui consacrait l'inviolabilité de la propriété indigène.

La juxtaposition d'une population française provoqua l'avènement d'un nouveau système qui restreignit la part faite aux indigènes dans l'administration au profit des élus ou fonctionnaires européens. Cette part d'autonomie administrative laissée en 1844 aux indigènes devint de plus en plus étroite ; la tendance à tout soumettre au droit commun s'affirma par le décret de 1854 qui, aux agents indigènes, substitua des agents français, à plusieurs degrés de la hiérarchie du commandement.

L'évolution fut enrayée à cette époque ; on rendit les tribunaux musulmans indépendants des nôtres et les medjelés, simples conseils consultatifs, devinrent juridiction d'appel.

C'est en 1859 seulement qu'on revint aux anciens principes pour les institutions judiciaires.

La préoccupation d'améliorer la condition des indigènes se manifesta chez les officiers des bureaux arabes, comme chez les commissaires civils qui s'adonnaient à l'étude des questions d'utilité publique.

Avec le concours des tribus, on entreprit des routes, des ponts, des travaux d'irrigation, des fontaines
et d'autres améliorations destinées à faciliter la production et la circulation des céréales.

Après une éclipse manifestée vers 1858 par la dis-
traction de certaines attributions au profit de l'autorité civile, en 1864, le régime militaire reprit ses
pouvoirs. Les commissions disciplinaires remaniées,
ne connaissaient que des crimes et délits commis par
des indigènes en territoire militaire. Elles devaient
attendre leur forme dernière jusqu'en 1874. Les pouvoirs de répression des commissions de cercle ou de
subdivision variaient de deux mois à un an d'empri-
sonnement. L'arrestation, comme l'instruction, me-
nées avec énergie et rapidité, ne laissaient pas place à
plus d'erreurs que la procédure de droit commun. Le
prestige de ces commissions sur les malfaiteurs avait
de très heureux effets au point de vue de l'ordre public.

En 1859, pour donner plus de garanties aux plai-
deurs indigènes justiciables des cadis, on créa la compétence des tribunaux français comme juridiction
d'appel. Cette réforme qui permit aux Musulmans de
soumettre leurs litiges au second degré à des magistrats vraiment indépendants, constituait un progrès,
mais les formalités et les frais la rendirent bien plus
onéreuse et moins rapide.

Après 1865, il ne fut plus question de rapprocher
les races, l'Empereur s'efforça de réaliser sa concep-

tion d'un royaume arabe sous notre souveraineté.

La réorganisation de 1866 vint encore contrarier la politique d'assimilation progressive et plaça notre magistrature dans une condition anormale d'infériorité. Aux termes de l'article 1ᵉʳ du décret du 13 décembre, la loi musulmane devait régir toutes conventions et contestations civiles ou commerciales entre Musulmans indigènes ; toutefois par déclaration, ils pouvaient contracter sous l'empire de la loi française. Le régime électif fut établi dans les nombreuses communes créées, et les indigènes musulmans admis sous certaines conditions à en bénéficier. Vers la fin de l'Empire, le Sénat devait être saisi par une commission d'études, d'un projet d'organisation nouvelle fondée sur le droit commun.

En 1870, avec la République, se produisit la scission complète entre les éléments civil et militaire. Pour le territoire civil on créa les Cours d'assises avec le Jury et la même organisation que dans la métropole. C'était donc l'application du régime de droit commun à tous les justiciables indigènes ou européens. L'égalité devant la loi n'était atténuée que par des pouvoirs disciplinaires accordés par la loi sur l'indigénat qui visait certaines infractions spéciales à des règlements de police, reconnus nécessaires à l'autorité des administrateurs.

La guerre terminée, une sage préoccupation d'accroître le courant d'émigration absorba les esprits, mais l'insurrection kabyle fit placer les questions d'ordre et de sécurité avant toutes autres aspirations tendant à l'assimilation progressive. L'amiral de Gueydon préoccupé surtout de la colonisation avait porté une sérieuse atteinte aux bureaux arabes en appliquant pour la première fois d'une façon réelle le régime civil. L'Administration civile devait mettre vingt ans pour arriver à occuper sans conteste la suprématie.

Avec la loi de 1873 la législation réglementait les modes d'acquisition et de transmission, sauf en matière de succession. Le décret du 29 août 1874, décidait que le droit musulman et le droit kabyle continueraient à régir les conventions civiles entre indigènes musulmans, ainsi que les questions religieuses et d'état, à l'exception des modifications qui avaient pu ou pourraient y être apportées. Au cours de l'année 1881, l'organisation administrative fit un pas nouveau dans le sens de la réunion étroite des services aux divers ministères compétents : c'était la politique de rattachements dont la population allait supporter le contre-coup. Dans l'année même deux nouvelles idées se firent jour : la décentralisation et l'assimilation.

Une transformation capitale fut apportée vers 1886 par la création de nombreuses communes mixtes en territoire militaire. Les centres européens devaient être administrés par des adjoints spéciaux placés sous l'autorité du commandant de la circonscription. La population indigène était représentée par des cheiks, membres des commissions municipales ; c'était un rapprochement entre les institutions algé-

8

riennes et l'organisation métropolitaine. Les indigènes des territoires de plein exercice nommaient leurs
délégués pour les représenter dans l'assemblée communale. Un décret de 1887, rappela que les indigènes
seraient soumis à la loi française, sauf en ce qui
concernait leur statut personnel, leurs successions et
leurs immeubles non francisés. La prison pour dettes
seule fut maintenue par les derniers décrets de 1886
et 1889.

La condition juridique des indigènes était fort
complexe puisque, soumis en principe à la loi française, ils étaient régis par leurs lois propres dans les
nombreux cas où la loi civile musulmane était reconnue applicable aux termes du décret de 1889 (questions relatives au statut personnel et aux droits suc-
cessoraux, moyens de preuve tirés de la coutume).
En droit pénal, ils étaient soumis à notre code
aggravé par un régime spécial de répression pour
certaines infractions prévues par la loi sur l'indigénat.

Le Sénat en 1891, chargea une commission d'étudier
sur place les modifications à introduire pour réorganiser la législation, dans un sens favorable à l'amélioration de la condition matérielle et morale des indigènes.

Pour le territoire kabyle où le pouvoir judiciaire
était exercé par la djemâa, aussitôt après la conquête
de 1857, nous avions enlevé aux djemâa la juridiction répressive, afin de ne leur laisser que la compétence civile. La désorganisation créée dans le pays

par l'insurrection de 1871 nous permit de profiter de
cet état de choses pour introduire des réformes. La
djemâa fut supprimée comme tribunal indigène, nous
y substituâmes la juridiction des juges de paix chargés d'appliquer les coutumes.

La capitulation de 1830 était un engagement envers tous les indigènes ; aussi les Israélites avaient-
ils obtenu, comme les Musulmans, le maintien de
leurs lois et de leurs juridictions propres. Nous avions
laissé à la communauté juive la juridiction des rabbins (non pas simples arbitres) comme institution régulière, statuant souverainement. La loi mosaïque
régissait les personnes, les biens, les mariages et les
successions israélites, toutes matières aujourd'hui
soumises à la loi française, sauf ce qui rentre dans le
domaine religieux. Après diverses transformations,
il fut reconnu que l'autorité morale des rabbins ne
suffisait pas à donner une sanction efficace aux décisions rendues; aussi pour répondre aux vœux mêmes
des intéressés, les ordonnances de 1841 et 1842 rendirent les Israélites justiciables de nos tribunaux statuant d'après la loi hébraïque.

L'intention de rapprocher les Israélites des Européens se manifesta en 1851. Par le décret de juin,
notre statut réel fut substitué à la loi mosaïque, c'est-
à-dire la loi française en matière d'hypothèques, de
transmission de biens et pour tout ce qui se rattachait
aux successions. On laissait aux Israélites leur statut
personnel, tandis que les indigènes musulmans con-
tinuaient d'être régis par leurs lois successorales et

immobilières. Quoique essentiellement assimilables les Israélites ne montraient pas plus d'empressement que les Musulmans à acquérir la qualité de citoyens Français, puisque de 1865 à 1870 on ne compta que quarante naturalisations, soit une moyenne de cinq par an pour près de 50.000 Israélites. Certaines tendances reçurent cependant une consécration définitive par le décret de juin 1870 qui imposa la qualité de citoyens aux Israélites, dont le statut personnel fut, depuis lors, régi par la loi française. Ils bénéficièrent de nos droits politiques et de notre régime fiscal. Par la naturalisation la justice française étant substituée totalement à la loi mosaïque, les Israélites privés de leur autonomie rentrèrent dans le droit commun.

Il se dégage de cet examen que le pouvoir, d'abord absolu, d'une nation autoritaire sur les indigènes qui repoussaient toute civilisation, a porté une première atteinte aux germes d'indépendance de cette sorte de société féodale qui se développe, depuis ses relations avec des hommes d'une condition plus avancée. L'acquisition de lois prévoyantes peut seule briser les dernières fibres rattachant cette race à ses instincts grossiers et à ses traditions stériles, car la vie d'un peuple représente toujours le développement progressif et la transformation régulière de ses institutions. Par un travail de réforme et d'organisation graduelle, les règles se coordonnent, deviennent partie intégrante de l'activité sociale et il faut les modifier sans trêve, à mesure que l'éducation et l'expérience font naître d'autres besoins. Un système de perfectionnement laborieusement acquis devient suranné pour une nouvelle génération et ce principe qui met au jour des forces toujours croissantes, exige des lois de transition pour souder le passé à l'avenir.

LES TEMPS ACTUELS

Quand une société s'avance vers une condition meilleure, le régime de la propriété, principal organe de vie, doit être approprié à l'époque. L'élément indispensable de l'agriculture réside dans une législation foncière certaine ; aussi, pour prospérer, une colonie a-t-elle surtout besoin de cette sécurité morale qui s'appuie sur les institutions civiles.

Dans le développement historique, certaines fonctions doivent disparaître, une fois leur tâche remplie; de même un peuple, pour passer de l'organisation collective à l'affranchissement de l'individu, doit tendre à la liberté d'appropriation qui est l'indice capital du progrès.

La race Berbère, longtemps fermée aux choses d'Occident, a vu déjà notre activité aiguillonner son engourdissement. Dès que la stabilité sera rompue, elle entrera par étapes dans la voie du mieux économique. Les désirs qui s'accroissent stimulent le travail, même chez les pasteurs, et leur font tirer meilleur parti des éléments naturels. Quand la communauté de propriété tend à se transformer en propriété privée, l'avènement de l'état agricole est proche. En effet l'idée de possession exclusive naît avec l'âge agricole. On observe d'abord le domaine éminent de l'Etat, seul propriétaire foncier, puis vient la communauté des tribus à laquelle succède le régime du sol, indivis entre les familles qui se partagent l'ancien droit de souveraineté de la propriété régalienne. La propriété collective implique un droit éminent de la tribu au profit de la famille dont il faut briser la constitution tyrannique, lorsque les populations veulent aboutir à l'appropriation privée.

Par la pratique de l'agriculture, réduite à la culture simple des céréales destinées à satisfaire les besoins journaliers et à servir de moyen d'échange, l'organisation rurale, pour l'exploitation du sol, passe donc successivement de la communauté par tribus, à la communauté par familles, dernière forme qui précède directement la constitution de la propriété individuelle.

Si nous relevons dans le passé les organisations disparues, nous apprenons que les Germains et les Gaulois ont conquis leurs libertés après s'être affranchis du joug de la propriété collective, et des servitudes créées par la propriété féodale. Le mouvement qui emporte la propriété collective en Russie depuis l'émancipation des serfs, atteste hautement qu'un peuple ne saurait se perfectionner sans pratiquer la propriété individuelle. L'acheminement d'une société vers le progrès se manifeste précisément à l'époque où se produit la substitution des régimes. Cette appropriation du sol par les individus qui se partagent le droit virtuel du souverain ou de la tribu, est indispensable à la constitution d'un état économique stable. La propriété foncière individuelle est la meilleure forme d'exploitation du sol, parce qu'elle permet d'entretenir un plus grand nombre d'êtres sur la terre cultivée ; elle est une nécessité pour les sociétés qui perdent les traditions de la vie patriarcale. C'est encore un stimulant qui favorise le travail utile, c'est surtout la base essentielle du développement agricole, qui se traduit par l'accroissement des capitaux. Ce droit sur le fonds même, permet des améliorations de culture dont les résultats ne peuvent être acquis qu'après une jouissance continue et de longue durée.

L'intérêt, le désir de satisfactions matérielles sont des modes d'action que la propriété à titre privatif peut seule engendrer. L'homme n'est pas laborieux par nature, il aime le repos et s'il est voué au travail, il ne se résigne à un effort qu'en raison des avantages que lui procure sa peine. Ainsi, chacun admettant que le produit de la terre est moins considérable quand elle est cultivée par des agriculteurs qui détiennent à titre précaire, est-ce que créer une catégorie de cultivateurs exploitant leur propre terrain n'est pas une amélioration et une salutaire garantie d'ordre public ? N'avons-nous pas pour exemple la civilisation occidentale qui consacre la propriété individuelle. D'autre part, l'observation nous enseigne que les défrichements, drainages, irrigations, fumures, labours profonds et autres amendements destinés à développer la force productive du sol, ne sont pas entrepris dans les pays de propriété collective, où l'agriculture s'en tient aux procédés bibliques. Il nous

reste par suite à dégager d'une étude de faits similai-
res une constatation expérimentale : « La propriété
individuelle est rationnellement et fatalement liée au
progrès de la société indigène ». Cette proposition
générale formulée par induction, nous a permis déjà
d'introduire dans la législation foncière des principes
favorables aux populations autochtones.

L'évolution de la propriété foncière se produit par
transformations successives, enfermées dans un cycle
rigoureux. La première forme collective s'observe
chez les nomades où la terre existe en quantité sur-
abondante ; le cultivateur recueille les fruits d'un
champ non délimité qu'il épuise et remplace par un
autre. Dans la période agricole c'est la phase de la
culture extensive. La population plus dense et séden-
taire amène l'étape des partages périodiques entre
les membres de la tribu. Ce régime est abandonné
quand après une plus-value donnée à la terre par de
meilleurs procédés agricoles, on arrive à la propriété
familiale. Une autre phase se caractérise par la forme
tenure, c'est-à-dire avec domaine éminent du seigneur ou de l'État, qui impose des servitudes et per-
çoit des redevances. On passe ensuite à la constitution de la propriété foncière libre, que nous avons en
France. Cette phase comprend la culture intensive
après laquelle on accède à la culture maraîchère
comme en Kabylie, en Chine et en Belgique où la
population plus dense oblige à accroître le rendement
des terres. Enfin le système définitif se réalise dans
la mobilisation de la propriété foncière, qui comporte

un titre représentant l'immeuble que le propriétaire peut transférer comme une lettre de change : c'est le régime de l'*Act Torrens*.

La famille primitive, constituée plus fortement que la nôtre, était propriétaire de tous les biens. Germains et Gaulois vivaient dans l'indivision et ne connaissaient que la propriété de clan. Le patrimoine commun, par suite de circonstances sociales, politiques et agricoles, insensiblement se scinda, et, parallèlement au développement de la civilisation, s'opéra la formation de la propriété individuelle. Le monde Romain supprima le caractère de cette propriété commune. Ce droit de vendre et d'hypothéquer qui est un élément nécessaire du droit de propriété tel que nous le concevons, c'est la propriété latine avec le « *Jus abutendi* », défendue contre la mauvaise foi et les spoliations comme une chose inviolable. La propriété antique, sous la forme familiale que nous retrouvons en Algérie, ne comportait pas le droit de disposer. Le fils continuait le père et les biens gardés dans la famille se transmettaient à chaque génération avec un caractère d'inaliénabilité absolue. En Russie règne encore le communisme agraire, mais cet état peut cesser par un vote des 2/3 des membres de la famille. C'est la substitution volontaire de la forme individuelle au régime des biens communs au village : *le Mir.*

Le Coran, source principale du droit musulman, ne comporte pas de véritables principes régissant la matière immobilière. La législation a été dégagée de l'enseignement du prophète, par les jurisconsultes qui ont surtout interprété la Sounna, véritable évangile des premiers disciples de Mahomet. Cependant il est erroné de croire que la propriété indigène n'était basée que sur la possession et la simple jouissance. Si l'on étudie la condition des terres, à côté de la propriété familiale, sous une forme d'indivision très voisine de la propriété collective, on observe partout la propriété individuelle dite *Melk*. Dans la région des Hauts-Plateaux occupés par des Berbères autochtones plus ou moins islamisés, existait une jouissance traditionnelle, mais précaire, sorte de propriété commune à la tribu. En Kabylie et dans les autres parties montagneuses, le droit coutumier consacrait le régime individuel que l'on retrouvait aussi, constaté par des actes réguliers, dans la banlieue des villes. Les terres kabyles aussi bien que les régions parcourues par les nomades pasteurs du Sud, devraient donc rester en dehors des dispositions législatives destinées à réglementer la propriété foncière en Algérie.

Quel est le véritable caractère de cette jouissance des indigènes en pays Arch ? Est-ce un droit sur une chose indivise entre les fellahs du douar et sont-ils collectivement propriétaires ? ou bien n'est-ce qu'une jouissance précaire concédée par la Djemâa considérée comme personne morale ? Dans ce dernier cas le partage entre fellahs seuls ne serait pas légitime. A cet égard les interprétations et les orientations diverses de notre politique ont été néfastes. Le Sénatus-

Consulte de 1863, en rendant les tribus propriétaires incontestables des territoires qu'elles occupaient, maintenait encore l'indivision, parce qu'il substituait uniquement le communisme de la famille à celui de la tribu ; mais c'était un pas vers le but : constitution de la propriété individuelle. Le partage des terres Arch devait se faire entre les fellahs cultivateurs et les khammès, ouvriers agricoles pouvant s'élever par le travail. Malheureusement dans la répartition effectuée en vertu de la loi de 1873, les khammès qui travaillaient ne reçurent rien parce qu'ils n'étaient pas détenteurs précaires du sol. L'attribution d'une parcelle par chef de famille proportionnellement aux besoins, sans distinction entre les fellahs et les khammès, eût été plus équitable. Chez les indigènes, les fellahs forment avec leurs fermiers, les khammès, qui seuls vivifient la terre, une société ayant beaucoup d'analogie avec la nôtre au moyen âge. C'est l'oppression des prolétaires qui travaillent et vivent misérablement dans une condition peu encourageante pour l'initiative individuelle.

Afin de permettre aux Européens de féconder le pays, il fallait briser la constitution de la propriété sous forme indivise, accaparée par une race indolente. L'État, désireux de cantonner les tribus dans les terres collectives, leur reconnut un droit de propriété sur les immeubles dont elles avaient l'usufruit, après toutefois prélèvement d'un domaine réservé à la colonisation. Rendre les nomades propriétaires c'était les fixer et les amener à cultiver. Faire naître

l'attachement au sol par l'intérêt, constitue en effet
le premier pas de toute société humaine vers le progrès. Aussi les coutumes relatives au statut réel des
indigènes rencontrèrent-elles des obstacles insurmontables, nés précisément de cette insécurité que nos
lois civiles parviendront seules à supprimer.

En droit international, la conquête fait passer le
territoire annexé sous les lois du vainqueur. La terre
algérienne étant devenue française, les propriétés possédées par les Musulmans devaient être régies par
nos lois. En effet, l'article 3 du Code civil soumet
tous les immeubles, même possédés par des étrangers, à la loi et à la juridiction françaises. De par le
droit de conquête nous pouvions appliquer ce texte
aux indigènes puisque nous en faisions des sujets.
Des exceptions à ce principe de droit commun ont été
apportées en faveur des fellahs par des lois spéciales.
Comme les étrangers domiciliés en France, les indigènes conservent leur statut personnel. On s'explique
assez que nous ayons respecté ces privilèges et ceux
qui sont relatifs aux successions puisqu'ils ont aux
yeux des Musulmans le caractère religieux d'un
dogme. L'action de la législation française aurait pu
être étendue à la matière immobilière, c'est-à-dire
que l'on aurait dû soumettre à notre Code civil un
sol français. La loi sur la transcription immobilière,
rendue applicable aux actes entre Musulmans, aurait
marqué, comme le fait la jurisprudence, la prédominance du statut réel français.

L'arrêté du 25 mai 1832 qui établissait les conservations des hypothèques en Algérie, dispensa les indigènes musulmans de l'inscription et de la transcription pour les actes passés entre eux. L'article 16 de la loi du 16 juin 1851 édictait que les transmissions de biens de Musulman à Musulman continueraient à être régies par la loi musulmane. Entre toutes autres personnes (notamment Européens et Musulmans) elles devaient être régies par le Code civil. Le rapprochement était dans l'intention du législateur quand il promulgua les règlements successifs de 1882 à 1889. La même tendance se trouve nettement exprimée dans la loi de 1873, mais nous avons dès le début dérogé à nos droits de conquête, et maintenant il nous faut légiférer pour restreindre l'application de la loi musulmane et revenir au droit commun en matière immobilière.

La sécurité dans la possession contribue à la pacification et au développement d'un pays ; par conséquent la base fondamentale de toute civilisation consiste à assurer aux populations la propriété garantie d'une partie de leur territoire. Une première restriction a été portée au statut réel musulman par la loi de 1851 qui ne permet pas d'invoquer l'inaliénabilité en matière de habbous quand l'acquéreur est un Européen. D'autres lois devaient supprimer d'une manière absolue toute cause de résolution fondée sur la loi musulmane mais contraire à la loi française et notamment imposer aux transmissions entre indigènes la transcription définie par la loi de 1845 quand il y aurait titre français.

En pays Arch le sénatus-consulte de 1863 avait pour but de faire consolider entre les mains des cultivateurs, à titre de propriété complète, les terres collectives dont ils percevaient les fruits. Les tribus étaient déclarées propriétaires des territoires dont elles avaient la jouissance permanente et traditionnelle. Cette séparation de l'usufruit et de la nue-propriété pouvait convenir à une société primitive puisqu'elle laissait la terre et l'agriculture au bon plaisir des Djemâa, mais elle ne se prêtait pas, comme la propriété égalitaire, aux progrès rapides d'une société en voie de développement. Nous avons donc délivré la propriété Arch d'une servitude qui la grevait et qui était fatale aux petits fellahs puisqu'elle immobilisait les biens pour le grand profit des chefs de tente influents. Cette répartition entre tribus et douars étant achevée, il fallait pour asseoir définitivement la propriété, répartir les terres entre les familles qui les cultivaient, ce qui revenait à les transformer en terres Melks, véritables propriétés garanties par des titres et pouvant faire l'objet de transactions. Devenue individuelle la propriété allait prendre un nouveau caractère par le règlement des modes d'acquisition et de transmission, ainsi que par la garantie de la conservation du patrimoine des familles. Elle permettait d'accroître le nombre des petits cultivateurs et produisait un déplacement dans la position matérielle de certaines classes de la société indigène.

Par la loi Warnier du 26 juillet 1873 la propriété

foncière individuelle reconnue au profit des membres des douars, devait être constituée et régie par la loi française. En rendant notre législation applicable, on voulait surtout abroger cette véritable main-morte qui pesait sur les terrains Arch. L'application, il est vrai, fut lente et resta inachevée en raison de l'élévation des frais. La loi de 1887 atténua les formalités administratives et la loi de 1897 réalisa une amélioration en laissant aux intéressés le soin de faire reconnaître leurs droits à leurs risques et périls. Cependant cette dernière loi foncière, promulguée après tant d'autres sur la matière, apparaît inspirée de principes discutables et si fragiles que son avenir est déjà compromis, avant toute application jusqu'à ce jour différée. Des commissions, il est vrai, ont été chargées de proposer des modifications à la législation existante et notamment de doter l'Algérie du registre foncier.

Dans la répartition prévue par la loi de 1873, la classe la plus nombreuse et la plus laborieuse resta exclue. On se borna à substituer la propriété à la possession, c'est-à-dire que l'on attribua aux fellahs les lots de culture dont ils avaient la jouissance, alors qu'il y avait lieu d'assigner des lots aux khammès cultivant eux-mêmes, afin d'en faire des petits propriétaires. Les principes les plus élémentaires de justice nécessitaient le partage entre tous les membres de la tribu, l'élément utile, ceux qui travaillent, étant surtout digne de sollicitude.

Le régime immobilier français, déterminé par la loi

de 1873, a surtout révolutionné l'existence patriarcale des indigènes. La constitution de la propriété individuelle a facilité la spoliation légale des fellahs, peu familiarisés avec les subtilités de notre procédure. C'est le néfaste article 85 de notre Code civil qui a permis les ventes judiciaires et les frais excessifs, à l'aide desquels certains Français, acquéreurs de droit indivis, sont parvenus à dépouiller les indigènes imprévoyants. Les abus ont été tels qu'il a fallu modifier les textes pour enrayer les expropriations. Malgré tous ses avantages la propriété individuelle a causé des ruines, parce qu'elle n'était pas en rapport avec le développement moral des indigènes du territoire collectif. C'est une œuvre de longue haleine que la fondation d'un nouveau régime immobilier ; notre erreur est venue de ce que nous avons oublié qu'il fallait transformer les conditions de vie avant que de franciser le sol.

Lorsque nous avons occupé la Tunisie, pays de civilisation plus avancée que l'Algérie, presque partout la propriété individuelle était constituée et constatée par des titres ; nous ne nous sommes pas heurtés à la communauté de tribu. L'indivision étant la rare exception, il a fallu songer à un régime immobilier distinct.

Pour asseoir la propriété d'une façon solide et durable, tout en évitant de froisser les populations, il fallait créer une législation exempte de formalités compliquées. Au lieu d'importer nos décrets algériens on a innové un système approprié au milieu, et dérivé de l'Act Torrens. Le principe était de séduire les indigènes par la simplicité et la protection efficace de la nouvelle loi, laissée à la portée de tous sans contrainte. En vertu de la loi de 1885, ceux qui voulaient assurer la sécurité de leurs transactions, d'après leur propre initiative, disposaient du droit de faire régulièrement constituer la propriété avec toutes les garanties du nouveau système foncier. Cette innovation importée dans le but de parer aux besoins spéciaux de la colonisation, était aussi accessible aux indigènes. Pas de modifications brusques déterminant parfois des désastres et toujours éveillant l'inquiétude. Publiquement, l'expérience se déroulait permettant d'établir un parallèle entre les modes anciens et la loi Torrens. Les transmissions de propriété se constataient par la seule mention de la mutation, tant sur le titre que sur le registre matrice. Cette immobilisation du sol rendait facile l'emprunt gagé solidement. Le côté pratique de ce système n'a pas échappé aux indigènes qui progressivement y ont recours. Ses heureux effets ont eu leur retentissement en Algérie où l'on a calqué notre loi de 1897 sur l'organisation foncière de la Tunisie qui semble avoir atteint déjà un développement économique supérieur.

De bons esprits prétendent que maintenant, après avoir expérimenté tous les systèmes, il convient de soumettre la propriété algérienne à notre Code civil parce que la véritable protection ne peut se trouver que dans le droit commun qui assurerait au territoire indigène toutes sûretés dont la propriété est entourée dans la métropole. S'il y a, dit-on, avantage à établir l'unité de législation territoriale, pourquoi différer la soumission des intérêts immobiliers à nos principes et ne pas décider qu'il n'y aura d'autre statut réel que la loi française pour l'établissement, la transmission et la conservation de la propriété foncière ? Des titres de propriété individuelle ayant été délivrés pour plus de deux millions d'hectares, la condition des terres reste encore à régler pour un million d'hectares possédés individuellement par les indigènes des douars. Il suffirait d'abandonner à ceux qui jouissent du sol, l'initiative de faire consacrer leurs droits et créer un titre authentique par l'autorité judiciaire dont le formalisme serait ramené au strict minimum.

Cette nécessité de l'établissement du droit individuel ne nous semble cependant pas obligatoire, sauf le cas où il y aurait avantage à fournir des terres à la colonisation. L'exploitation du sol par une famille qui le vivifie et le conserve dans son patrimoine, nous apparaît comme un régime aussi favorable à l'utilité publique et aussi fécond en résultats pour les individus, même en conservant la suzeraineté virtuelle de la djemâa, propriétaire suprême à titre perpétuel. Des nomades par besoin arrivent à passer de la vie pastorale à la vie agricole, mais avec la propriété individuelle ils dilapident leur fortune. En dégageant la propriété indigène du communisme, afin de faciliter le rapprochement avec l'Européen, on provoque trop souvent le morcellement entre nom-

breux propriétaires, situation qui précède de peu
l'emprunt et la liquidation par laquelle on les dé-
pouille dans des conditions désastreuses. Des indigènes ruinés comprendront difficilement les avantages de notre civilisation.

Le caractère individuel, défini par le Droit Romain
et par notre Code civil, avec les attributs de cette
forme de propriété que l'on observe dans toutes les
sociétés complexes, nous paraît offrir plus de dangers
que d'avantages quand il s'applique à un peuple qui
parcourt sa première étape vers la civilisation. Nous
devrions peut-être nous préoccuper d'assurer la conservation du patrimoine de la famille, tant que nous
n'aurons inculqué profondément aux indigènes le
goût du travail et le sentiment de l'épargne. A défaut
de ces qualités, le régime individuel laisse à la merci
d'un peuple prodigue et imprévoyant une richesse
dont il ignore l'utilité et les facultés productives.

Avant que de songer aux larges réformes sociales,
n'est-il pas raisonnable d'élever les hommes et de
transformer les individus ? Cette assimilation brusque de la propriété foncière, dont la constitution sous
forme libre n'est pas la résultante logique et naturelle
de l'évolution, doit suivre et non précéder le développement de l'égalité civile. Presque toujours le
propriétaire indigène qui emprunte, se ruine. Cette
faculté d'obtenir un crédit sur une terre entraîne de
fâcheuses conséquences. Dans le prêt sur hypothèques le taux élevé de l'intérêt, parfois supérieur au
revenu moyen de la terre, n'a qu'une issue lamenta-

ble : l'expropriation du débiteur. Ne vaudrait-il pas mieux maintenir la terre jusqu'à concurrence du tiers ou de la moitié, comme bien de famille insaisissable ? la possibilité de l'emprunt étant en partie écartée, ce serait assurer obligatoirement aux imprévoyants la conservation de leur patrimoine pour le présent et pour l'avenir, ce qui constitue en réalité l'introduction du *Homestead* ou foyer de la famille insaisissable. Ce mode de législation rurale puise sa source dans le statut des laboureurs imposé par Elisabeth d'Angleterre, quand pour relever la classe agricole et s'opposer aux spoliations, elle avait prescrit par *l'act de lotissement* que toute famille aurait sa chaumière et quatre acres de terre inaliénables.

La loi Américaine déclare insaisissables pour dettes la maison d'habitation, un hectare de terre dépendant de la ferme et jugé nécessaire pour la subsistance du cultivateur, ainsi que les outils agricoles et deux bêtes de labours. Cette forme du Homestead qui protège la petite propriété contre les usuriers, en prévenant l'expropriation assure toujours du pain pour l'avenir, mais le propriétaire est obligé de renoncer à tout crédit garanti par son domaine. Cette réglementation ne peut donc se comprendre sans une banque publique consentant des avances de semences et autres prêts productifs que refuseraient les capitalistes privés des sûretés inhérentes à tout emprunt. Il se présente alors un moyen d'assistance moins périlleux que le prêt hypothécaire : c'est le crédit agricole destiné à procurer des fonds de roulement nécessaires à l'exploitation, prêt mobilier qui ne réclame d'autres gages que le matériel, le bétail et les récoltes coupées.

Dans le but de fertiliser le pays, de nombreux émigrants français et étrangers ont été attirés en Algérie où les deux grandes fractions de la population sont les colons et les indigènes. D'énormes sacrifices ont été consentis pour faciliter ce peuplement, mais il est bien certain que les nouveaux venus n'ont pas tous répondu aux espérances que la colonisation fondait sur eux. Dans une trop grande proportion, des concessionnaires, paresseux ou aventuriers à la recherche d'une fortune rapide, ont vite abandonné les villages, après avoir exploité l'État et les indigènes. D'autres, qui sont restés, trouvent plus pratique de louer leurs terres aux indigènes et ils vivent médiocrement sans rien faire. C'est d'un exemple fâcheux pour les fellahs qui ne songent ni aux perfectionnements de culture, ni à l'emploi de la charrue française, à laquelle certains de nos compatriotes par apathie renoncent. L'imitation des Européens devrait cependant les amener à mieux défricher, à fumer et à biner les terres pour emmagasiner dans le sous-sol l'humidité qui fait vivre les plantes ; en un mot leur apprendre aussi à choisir les semences, et à utiliser les eaux, ce qui permet de doubler le rendement par l'amélioration des procédés et la suppression des habitudes routinières.

La pensée intime de bien des colons était jadis le refoulement des indigènes, tandis qu'aujourd'hui tous conviennent de bonne foi que les deux races peuvent vivre côte à côte. Il n'est village, ni ferme où l'on puisse se passer de la main-d'œuvre indigène. L'association entre les deux groupes, sans viser à la fusion, est un problème que la communauté des intérêts pousse à résoudre.

La population agricole, formée d'Algériens et d'éléments attirés de la métropole afin d'assurer la prédominance du sang français, peut se distribuer plus également et gagner les Hauts-Plateaux, où elle est encore clairsemée. Quand la sécurité et la salubrité seront parfaitement assurées, nos conditions d'établissement se modifieront et, moins tentés par la résidence des villes, les colons comprendront que leur place est surtout dans les campagnes.

Si la colonisation officielle n'a pas tenu ses promesses, nous n'en devons pas moins poursuivre le peuplement de l'Algérie, car c'est une population française compacte qui seule fera contrepoids aux races indigènes. La mise en valeur de l'Afrique doit se faire par nous ; les Français sont les éducateurs désignés des Berbères. Quelle que soit la sobriété de leurs désirs, des appétits nouveaux se révèleront par le voisinage des Européens ; et, pour tirer parti du sol, ils travailleront plus et mieux. Dans certaines villes la séparation des deux populations est bien tranchée, mais elles vivent en bon accord sous les mêmes institutions locales, avec des libertés aussi étendues.

D'après l'ancien système de Colbert les colonies

étaient traitées en pays conquis. Ce régime n'est plus
conforme aux principes modernes ; nos idées libérales ont triomphé de l'esprit d'un temps qui ne voyait
dans la colonisation qu'une œuvre de domination
égoïste et de dépendance absolue. Dans une colonie
mixte, c'est-à-dire celle où les émigrants d'Europe
viennent s'établir à côté d'une autre race, des complications de toute nature se présentent ; aussi doit-
on chercher dans les enseignements de l'histoire des
principes nés de l'expérience. Une entreprise coloniale est surtout une œuvre économique puisque la
terre, d'après la juste réfutation des théories de Ri-
cardo par Bastiat, n'a de valeur que par le capital et
le travail de l'homme qui y sont incorporés ; d'où il
suit que la première préoccupation consiste à établir
une culture productive et à faciliter l'échange avantageux des produits.

L'autorité militaire, longtemps absorbée par des
préoccupations de sécurité primant toutes considérations, avait dû négliger les entreprises agricoles
qui ne donnèrent de résultat réel que bien après 1840.
Il incombait surtout au régime civil de développer
le mouvement commercial et de faire prospérer l'a-
griculture d'un pays qui n'est pas encore près de passer à la période industrielle. Pour résoudre le problème de la colonisation en Afrique, ayant d'abord
admis qu'il fallait provoquer, assister et diriger l'initiative privée, nous avons à l'origine adopté le régime des concessions gratuites, soumises à des conditions suspensives. Ensuite nous avons, sous le maré-

chal Bugeaud, tenté de restaurer le mode des colonies
militaires Romaines ; puis nous avons essayé les colonies agricoles sous le gouvernement de 1848. Pour-
suivant ses variations, notre législation algérienne a
passé ensuite du système de vente à prix fixe au système de vente aux enchères ou de gré à gré ; le décret
de 1860 prenait pour exemple les procédés anglais en
Australie. Le législateur de 1871, s'inspirant de la loi
Américaine, institua comme mode de concession, la
concession ou bail de colonisation. Enfin les règles
du décret de septembre 1878 qui nous régit ramenèrent au système initial des concessions gratuites sous
condition suspensive.

La population Berbère qui représente l'énorme
majorité est attachée au sol, aussi la colonisation qui
s'installe et grandit au milieu d'elle n'échappe-t-elle
pas à son observation. Colons et indigènes peuvent
se rendre de mutuels services, car il n'est pas d'exploitation rurale sans main-d'œuvre à bas prix. Pour
les travaux des champs et l'élevage du bétail, les
khammès sont d'utiles auxiliaires dont on ne saurait
se passer, parce que la colonisation algérienne est
exclusivement agricole, sans produits spéciaux tels
que : le coton et le café, qui déterminent une expansion commerciale.

Il est vrai que pour devenir rémunératrice, la culture des céréales doit être intensive, ce qui implique
l'exclusion des procédés sommaires indigènes. On
dit encore que l'utilisation locale par les colons, des
phosphates d'Algérie assurerait la fertilité et permet-

trait, après des siècles d'épuisement barbare, de rendre au sol sa merveilleuse fécondité. Dans les périodes médiocres un seul labour superficiel procure plusieurs années de suite des rendements de 12 à l'hectare, ce qui atteste la puissance productive des terres et fait entrevoir ce que des cultivateurs experts obtiendraient avec plusieurs labours profonds, complétés par des engrais et des assolements bien compris. Le voisinage des centres Européens qui augmente la valeur des terres arabes devrait être un enseignement destiné à répandre l'instruction agricole. Avec le travail de la charrue primitive qui ne pénètre pas le sol, quelques journées de siroco suffisent à sécher les plantes dont les racines ne sont pas profondes comme dans les terres travaillées à la charrue française. L'usage du semoir, de la herse et du rouleau pour recouvrir le grain que les oiseaux mangent en partie dans les cultures arabes, permet de doubler la récolte. Quand on y ajoute l'usage des fumures et le triage des grains de semences épurées, la production peut être trois fois plus forte. Tels sont les caractères sommaires de la culture intensive que les Français pourraient propager.

L'Algérie, où les conditions de climat, de population, de coutumes et de religion sont différentes de celles de France, ne saurait atteindre l'âge adulte avant un siècle, bien que l'augmentation continue des ressources soit un véritable indice de prospérité. Les fellahs forment la classe productive par excellence dans ce pays où les intérêts sont principalement attachés à la culture. Ils forment la classe moyenne, celle des petits propriétaires qui est la force d'une société. La doctrine des physiocrates trouve son application puisque l'exploitation du sol est en Algérie la véritable source de vie et de richesse. Les familles indigènes aisées ont leur fortune en biens fonciers. Les grands propriétaires Européens forment une véritable aristocratie rurale qui détient la grande force sociale et qui exerce une profonde influence sur la marche des institutions ; ils disposent de la meilleure instruction que nous puissions donner aux indigènes : l'exemple du travail agricole.

L'expérience a été tentée sur des Arabes purs, en Égypte, sous l'impulsion de la Compagnie du canal de Suez qui par ses travaux et canaux d'irrigation a su faire transformer en cultures des régions jusque-là arides. L'élément sémite pouvant fournir des travailleurs, il serait téméraire de considérer les Berbères comme une population incapable de mettre en valeur son propre territoire. Les tisserands, les selliers, les brodeurs, les forgerons et les bijoutiers, Maures des villes ou Kabyles du Djurdjura, prouvent que l'aptitude industrielle existe à un certain degré chez les Musulmans. Les facultés productives de cette race, quoique moins laborieuse que la nôtre, démontrent qu'au point de vue économique, nous pouvons espérer son développement. Les statistiques établissent que les 5/6 au moins des céréales sont récoltés par les indigènes qui produisent aussi des huiles et des laines. Quant au bétail, le nombre de têtes possédées par les éleveurs indigènes est trente fois supérieur à celui des éleveurs Européens. A la vérité ce sont eux qui fournissent à l'exportation ses principales matières d'échange.

L'aversion du début pour les chrétiens est aujourd'hui devenue l'indifférence très tolérante. Les vieillards reconnaissent que nous sommes plus justes et moins avides que les Turcs. Ils constatent que nous assurons l'ordre, substitué aux brigandages de tribu à tribu qui les ruinaient depuis des siècles. Nos travaux, notre organisation sont supérieurs à ce qu'ils ont connu, ils comprennent que nous voulons travailler pour leur bien en même temps que pour le nôtre. Les débouchés qui manquaient à l'époque des Beys sont assurés. Les indigènes se font peu à peu consommateurs à l'instar de la population européenne. L'ancienne aristocratie des grands chefs qui avaient intérêt à maintenir les divisions n'existe plus, nous avons nivelé les castes. Par imitation inconsciente ils sont amenés à copier des hommes qu'ils voient vivre plus heureux auprès d'eux. La fidélité aux traditions des époques antérieures s'altère lentement, mais sûrement au contact des droits nouveaux ; elle entraîne cette force dérivée du Coran qui semblait comporter tous les préceptes désirables de religion, de morale et de règles civiles.

Aujourd'hui pacifiés, les indigènes doivent suivre la loi de développement de l'humanité. Par la force des choses, nos coutumes, en ce qu'elles ont de compatible avec le progrès matériel, pénètreront les tribus. Parmi les mesures à introduire pour accentuer les améliorations agricoles, nous citerons, par exemple, l'exemption d'impôts assurée à ceux qui utilisent les engrais et se servent de charrues françaises. Au point de vue fiscal, les indigènes bénéficient de l'égalité de l'impôt qui n'atteignait pas autrefois certaines classes privilégiées : caïds, cheiks, marabouts, tribus, maghzen, etc. Cet arbitraire entretenait dans les esprits un sentiment de jalousie permanent. Nos idées égalitaires n'admettent plus l'impôt fondé sur des immunités, ni les perceptions avides et brutales. Les indigènes voient que chacun paie en raison de sa fortune. D'avance, le montant et la date des droits à acquitter sont connus. C'est une simple créance de l'État, proportionnée aux ressources, puis réclamée suivant certains modes et non pas arrachée. Ils supportent en moyenne 10 francs par an, chiffre bien inférieur à celui des Européens, surtout atteints par les impôts indirects perçus comme octroi de mer. Dans le droit public comme dans le droit privé, nous avons donc apporté aux indigènes de salutaires réformes.

Si nous nous sommes attaché les populations en réprimant les exactions des grands chefs, nos tendances à démocratiser la société arabe nous ont fait abattre une classe intelligente dont nous pouvions utiliser l'ascendant moral pour organiser une nation grossière. Les indigènes ont encore instinctivement et d'une façon intense, le sentiment de l'autorité. L'émancipation prématurée de ces hommes abandonnés à la dérive, a causé la destruction des éléments d'une société qui ne voit plus la force et l'influence que symbolisaient les fellahs de grande tente. L'aristocratie arabe n'existe plus, mais nos caïds actuels n'ont pas hérité du prestige dont elle jouissait. Aujourd'hui les tribus désunies, avec des cheiks mal recrutés, en but aux vengeances et aux délations de justiciables indisciplinés, n'ont plus l'appui d'une administration énergique munie de pouvoirs qui assurent l'unité d'action et le respect. Nous avons de même éloigné la classe moyenne de toutes les places, c'est à peine si les indigènes instruits peuvent espérer un emploi dans la justice musulmane. Exclus de certaines attributions, ou admis avec un rôle très effacé, ils ne participent plus à l'administration que d'une façon de plus en plus réduite. Toutes les fonctions sont confisquées par des Français plus habiles, plus honnêtes évidemment, mais coûtant plus et créant une limite trop tranchée, puisque nous refusons la collaboration des indigènes dans les multiples rouages d'une administration que nous accaparons jalousement. Trop franciser pour faire surgir une organisation complète dont nous avons évincé les Musulmans, ne vaut pas le régime de protectorat qui épure et qui conserve l'administration indigène. En général, il est prudent de s'attacher des intermédiaires associés à l'œuvre de régénération et sachant dissiper les causes de défiance entre la classe dirigeante et la nation soumise.

Pour ces Berbères dont l'organisation traditionnelle était conforme à celle qui nous régissait à l'époque féodale. nous avons créé les communes mixtes,

sage transition entre le régime militaire et le droit
commun. On s'était inspiré de ce principe que le rapprochement de deux races dont les intérêts sont loin
d'être encore homogènes, serait préparé par cette
forme d'agrégat qui associe les hommes et les façonne
à notre idéal social. Malheureusement nous avons
voulu étendre le vernis égalitaire de la civilisation et
bien des douars ont été rattachés à des centres Européens. Cette création prématurée des communes de
plein exercice, satisfaction donnée aux ambitions
locales, n'a eu jusqu'à ce jour pour résultat tangible
que d'accaparer d'autres ressources au profit du budget des villages qui vivent principalement des marchés, des centimes additionnels, de la part d'octroi
de mer et de l'exploitation des indigènes. De la sorte,
les contribuables musulmans ne connaissent du droit
commun que le côté oppressif, car leurs intérêts n'en-
trent pas en ligne dans les dépenses dont ils paient les
frais. De telles considérations font désirer qu'il n'y
ait plus de démembrement de douars au profit des
communes de plein exercice administrées par des
maires qui n'ont pas toujours le désintéressement,
l'autorité et l'impartialité voulus, pour protéger les
fellahs honnêtes contre ceux qui ne voient dans l'é-
mancipation communale que la suppression de tout
frein.

La civilisation se traduit par un accroissement
continu des besoins qui nécessite une augmentation
de travail. Faire naître et multiplier les désirs, c'est
bien stimuler et pousser les hommes à développer

leur condition sociale ; c'est faire croître l'aisance et avec elle la moralité. La pensée de se ménager des ressources pour l'avenir et le sentiment de la prévoyance ne se manifestent que dans certaines conditions de milieu : par exemple au contact d'un peuple avancé.

Les indigènes étaient jadis indifférents à tous les raffinements de vie qui nous paraissent indispensables. Leur fatalisme s'exprime par cet aphorisme « *mange aujourd'hui, Dieu te nourrira demain* ». Il est vrai que les Arabes pauvres ne sont pas aussi malheureux que les prolétaires Européens. Le climat plus doux que celui de l'Europe leur vaut une belle saison de près de huit mois qui offre des facilités de vivre ignorées sous d'autres latitudes. La température plus clémente et les produits spontanés du sol, font que ces pasteurs aux besoins simples, s'habituent trop à compter sur la nature et se résignent moins facilement à l'effort indispensable au développement économique. Ils n'aiment pas le travail continu, ils ne savent pas prévoir et dès qu'ils possèdent quelques avances ils se reposent.

En Algérie, autrefois les ressources amassées étaient thésaurisées sans que l'on eût souci de tirer parti des capitaux immobilisés. Le manque de sécurité et la perspective de se voir dépouillés du fruit de leur travail contraignaient les indigènes à vivre au jour le jour. Quand il y a lutte pour la vie brutale toutes les autres préoccupations sont reléguées au second plan. Dans ces conditions, aucune cause ne pouvait pro-

voquer l'énergie nécessaire à ce peuple pour sortir
de son apathie. La crainte des razzias ou des exactions constituait un sérieux obstacle pour des populations qui, dans l'incertitude de l'avenir, cachaient
leurs ressources. Obligés de paraître pauvres ainsi
que leurs coreligionnaires actuels du Maroc, afin de
se soustraire à la rapacité implacable des chefs, les
fellahs enfouissaient leurs capitaux dans des silos.
Ajoutées à cela l'indolence native, la routine, l'ignorance et les traditions funestes, tout contribuait à
rendre les progrès lents et pénibles.

Si vraiment le bien-être est l'aboutissant de toutes
les activités, il suffira d'accroître les besoins de ces
hommes jusqu'à ce que ces besoins soient assez im-
périeux pour dominer leurs instincts d'inaction. De
cette tendance à l'oisiveté a toujours dépendu l'état
stationnaire des peuples dont les efforts se limitaient
à la production du strict indispensable à l'existence
contemplative. Qu'ils prennent de nouvelles habitudes et ce minimum de satisfactions physiques s'élè-
vera, les exigences se multiplieront, les goûts se
feront plus complexes et la perspective d'un mieux
conforme aux destinées de l'homme, apparaîtra aux
populations uniquement préoccupées de la vie matérielle. Quand ils sentiront d'une façon plus intense
le contraste qui existe entre leur semi-indigence et
l'aisance des Européens qui doivent ces avantages à
l'esprit de prévoyance, ils s'expliqueront qu'il faut
rompre avec leur apathie.

A côté des besoins primordiaux de nourriture, de

vêtement et de logement, c'est-à-dire présents, s'é-
veillent à chaque étape, d'autres préoccupations qui
nécessitent des habitudes d'esprit plus subtiles. L'é-
pargne, cette consommation différée, exige des dispositions morales qui permettent de prévoir les besoins futurs ; mais pour avoir conscience de besoins
qu'on ne sent pas réellement et pour s'imposer une
privation, il faut atteindre un développement intellectuel qui fait défaut à une société simple. La prévoyance pour bien des indigènes réduits au strict nécessaire, exige d'ailleurs un sacrifice d'autant plus
méritoire que le manque de sécurité les a, par tradition, rendus peu soucieux du lendemain.

Dans les pays musulmans, comme dans tous les
milieux peu avancés, la richesse se présente aussi
sous forme de capitaux circulants, autrement dit : ap-
provisionnements, objets de consommation. Les sociétés primitives méconnaissent le mérite et le rôle
de l'épargne, n'étant pas douées de cette foi dans l'a-
venir qui révèle les avantages des capitaux fixes, durables et productifs. Nous avons à faire comprendre
aux indigènes les avantages de la prévoyance et à
encourager l'utilisation des richesses sous diverses
formes. Nous avons à les familiariser avec l'épargne
employée productivement dans une entreprise, agricole ou autre, ce qui n'est plus le numéraire immobi-
lisé au préjudice de tous par avarice ou préjugé. L'é-
pargne doit constituer une réserve pour l'imprévu,
pour l'accroissement de l'outillage, du cheptel, pour
les améliorations foncières et ne pas être la thésaurisa-

tion stérile sous forme de douros enfouis dans un silo.

Dans l'ordre naturel des choses, il incombe à la nation privilégiée d'apprendre au peuple borné à se suffire et à s'occuper préventivement des exigences de la vie moderne. Les indigènes n'ont pas encore compris que, lorsqu'on emprunte pour des consommations personnelles, le prêt n'est qu'un instrument de ruine. Chaque fois que la consommation n'a pas pour résultat utile d'accroître la vie économique et la puissance du travail, autrement dit chaque fois qu'une richesse est absorbée d'une façon improductive, on est amené à un désastre. Le crédit en pareil cas, pour l'emprunteur, au lieu de rendre un service est un mode d'assistance infiniment dangereux. Que le crédit ait le caractère purement personnel (en ce cas trop souvent en raison et la mauvaise foi du débiteur qui augmente les risques du créancier, il devient usuraire), ou qu'il devienne réel, c'est-à-dire garanti par un gage, les capitaux affectés à la consommation ne produisent que des effets funestes. Ce genre de consommation implique un anéantissement, une destruction de la richesse pour satisfaire un besoin élémentaire, aussi bien qu'un gaspillage ou des dépenses superflues.

Le caractère véritable du prêt, c'est d'être un mode productif. L'intérêt représente le paiement de l'usage que l'on fait du crédit, considéré comme instrument de production ; c'est une part à forfait dans une association. A Rome, avant la République et jusqu'aux Gracques, l'intérêt du capital a causé bien des haines èt engendré les grandes luttes. L'impopularité du prêt à intérêts venait de ce que les débiteurs en général, ne possédant que des propriétés de faible étendue (surtout depuis les lois agraires), avaient emprunté pour manger et ne pouvaient jamais rembourser. De même les indigènes envisagent rarement le prêt au point de vue économique, c'est-à-dire qu'ils empruntent un capital pour subvenir à leurs besoins et par la consommation l'anéantissent au lieu de le faire valoir et de lui donner un emploi productif.

C'est une question de justice autant qu'un intérêt social de premier ordre que d'amener la djemâa du douar à s'organiser dans la voie de l'association contre les mauvaises récoltes et les mille causes fortuites de misère. La préoccupation du lendemain pour tous est une charge que l'État ne saurait assumer et qu'il peut cependant atténuer. Dans cet esprit les sociétés de prévoyance créées en territoire indigène sont appelées à amener les fellahs à ne compter que sur leur effort personnel. Notre législation les seconde lorsqu'elle organise les silos de réserve. Ces institutions de crédit mutuel fournissent les capitaux nécessaires au développement de la production des céréales et de l'élevage. L'État dont l'action peut être un adjuvant du progrès social partout où l'initiative individuelle est insuffisante, doit imposer les caisses de prévoyance agricole, grâce auxquelles les indigènes éprouvés se procurent les céréales nécessaires à la nourriture et aux ensemencements. Les associations de douar, avec un caractère de responsabilité solidaire devront avoir une caisse spéciale, entretenue par le crédit mutuel. A l'aide de cotisations ou de prélèvements, il est facile de constituer un fonds social destiné à fournir les capitaux de roulement nécessaires pour parer aux frais d'exploitation et aux avances courantes des fellahs.

L'action militaire longtemps indispensable et par suite prépondérante a fait place à un nouveau régime administratif. A-t-on assez tenu compte de la condition des vaincus dans les réformes apportées à la législation ? n'est-il pas vrai que des opinions et par suite des systèmes différents ont reçu alternativement leur application ? Monarchie, Empire et République qui se sont succédé ne pouvaient avoir le même idéal ; aussi l'incertitude dans le but depuis notre occupation, et l'indécision dans les principes suivis par ceux qui présidaient aux destinées de l'Algérie, ont-elles nui singulièrement à l'organisation intérieure.

Dans l'ordre politique les législateurs étaient imbus des idées que les Physiocrates ou libre-échangistes apportaient dans l'ordre économique. Convaincus comme tous les penseurs du XVIIIe siècle, que la nature était une, ils déduisaient de leurs observations des règles générales. Sans distinction d'époque, d'endroit ou de race, leurs lois universelles devaient être vraies partout. Arabes, Français, Maltais, Italiens, Kabyles, étant des êtres humains aux tendances communes. devaient être gouvernés par les mêmes lois. Faire abstraction des différences d'origine pour innover imprudemment et remplacer par des lois positives des institutions peu en harmonie avec les nôtres, constituait un contresens dont la gravité s'est révélée. Cette conception, évidemment fausse, n'exclut pas l'universalité de quelques formules. Chez tous les hommes que leur état de civilisation présente sous des apparences si dissemblables, on découvre un même fond commun. Certaines aspirations et des sentiments qui s'observent chez les sociétés en progrès existent identiques, mais virtuellement, chez celles qui n'ont pas encore franchi les premiers degrés de la civilisation.

Dans une société débutante comme la société indigène, les rapports des hommes sont simples et ne donnent lieu à aucune des complications qui régissent nos institutions. La vie politique et économique n'étant pas encore très développée puisque les familles étaient, il y a moins d'une génération, soumises à l'autorité des chefs de tente, il semblait prématuré de substituer à cette stabilité l'organisation des peuples modernes, sans expérience acquise, sans que les premiers germes semés par nous, aient pu amener une race défiante à comprendre l'individualisme.

Diverses expériences législatives ont été imposées pour détruire dans les parties constituantes le collectivisme familial rencontré à la conquête et pour dégager le droit de l'individu. Dans l'ordre privé nous avons apporté notre Code civil qui supprime toute hiérarchie de caste ou de famille. La liberté personnelle est maintenant absolue, il y a unité de législation pour les justiciables Européens et indigènes, sauf ce qui se rattache au statut personnel.

On a témérairement voulu adopter, sans transition en Algérie, une organisation trop savante qui est généralement peu concordante avec le milieu. L'initiation des esprits français à notre législation métropolitaine a demandé de longues années ; et cependant, par une évolution précipitée nous n'avons pas hésité à implanter notre organisation sur la terre Algérienne, sans assez tenir compte des catégories d'éléments divers qui se heurtent. Les principes de la souveraineté nous donnaient tous les droits et l'ampleur du nouveau système était fait pour nous captiver, mais les innovations poursuivies sans esprit de suite avec une rapidité téméraire, provoquèrent un véritable ahurissement chez les indigènes. Ils ne comprenaient rien à ces bouleversements successifs qui, en moins d'une génération, du régime de l'autorité absolue exercée par l'aristocratie féodale des grands chefs, les faisaient passer au régime de liberté individuelle et d'élection, eux qui ne s'expliquent pas le pouvoir, quand il vient d'en bas.

Certainement le but louable poursuivi était bien la fusion des intérêts par les progrès agricoles, puisque nous avions reconnu aux indigènes des droits de propriété sur leurs terres lorsqu'ils justifiaient d'une jouissance traditionnelle. Cependant les conséquences des plus heureuses dispositions législatives ne se manifestèrent guère en raison du peu de stabilité que donnait à notre œuvre une tendance périodique à tout réorganiser.

Les institutions judiciaires suivirent naturellement les fluctuations de la politique basée simultanément sur des théories diamétralement opposées. On a multiplié les essais, consacré l'arbitraire et le provisoire, entassé les ordonnances, les arrêtés, les règlements, les décrets et les lois parfois contradictoires. Le régime de colonisation qui de 1831 à 1878 est parti des concessions gratuites pour revenir au mode des concessions gratuites, offre un exemple frappant de ce défaut de programme et de méthode. Les Français se flattaient de tout améliorer en moins d'un demi-siècle, sans assez songer que les usages tenaces ne permettaient pas de régénérer un peuple avant que d'avoir, par des ménagements, façonné son esprit à recevoir l'empreinte d'une organisation plus affinée.

Notre impatience à profiter des richesses naturelles, certaine prédisposition à voir dans ce peuple un obstacle à notre colonisation, nous ont précipités avidement à l'exploitation du sol. Tant de milliards enfouis, tant d'efforts dépensés, malgré le développement acquis, semblent une déception pour ceux qui craignent de voir se propager parmi les nouvelles générations algériennes, la pensée criminelle du séparatisme. A ce sujet, nous refusons encore de croire, comme le soutiennent certains économistes, que l'aboutissant de notre entreprise, après d'immenses sacrifices, sera l'émancipation, dès que la colonie estimera son développement suffisant pour se passer de la France. Quant à la population indigène de plus en plus dense, malgré l'accroissement de la production qui constitue un résultat, nos préoccupations relatives à sa condition sociale ne laissent pas que d'être inquiétantes pour l'avenir.

Nos institutions prématurées, tout en bouleversant l'état politique des populations autochtones ont stérilisé les meilleures bonnes volontés. La plupart de nos lois implantées dans un milieu pour lequel on ne les avait pas faites, ne se pliaient pas aux besoins particuliers d'une race, qui n'est pas encore entrée dans la vie des nations policées. Est-ce au nom de la justice que nous préconisions la diffusion immédiate de nos principes politiques ? mais H. Spencer n'a-t-il pas démontré que la justice est souvent une conception égoïste par laquelle chacun généralise ce que son intérêt propre lui conseille d'admettre. Cette idée de justice ne diffère-t-elle pas suivant les époques et les pays ? justice au moyen âge, injustice à l'époque moderne. Peut-on raisonnablement invoquer la justice, c'est-à-dire un principe variable qui représente surtout l'idéal conforme à nos intérêts.

En vérité, tout en gardant la haute direction politique, il eût fallu maintenir une sorte d'autonomie administrative et judiciaire ; il eût fallu laisser administrer les Arabes par les Arabes, comme ils le demandaient, c'est-à-dire reconstituer l'ancienne administration indigène avec le contrôle de l'autorité française. Trop d'administrations, trop de formalismes disait-on justement. Cette substitution de fonctionnaires nombreux avec leurs exigences et leurs rigueurs tracassières, au lieu des garanties espérées, créait des défiances et amoindrissait l'autorité des indigènes de grande tente dont nous avons supprimé l'influence alors que leur concours nous était encore utile.

Autrefois dans certaines régions, à côté des cadis et des medjelès existaient les Drouab, sorte de conciliateurs réglant à l'amiable les différends comme nos arbitres et nos prud'hommes. Ils étaient en général choisis parmi les notables, d'âge mûr, considérés pour leur caractère digne, leur esprit religieux ou leur connaissance des hommes et des choses. L'introduction de notre justice a fait disparaître cette juridiction officieuse qui s'était maintenue sous les beys Turcs et qui rendait de réels services.

Évidemment les caractères ne sont pas immuables, mais les institutions rationnelles qu'il faut imposer aux masses pour activer cette marche vers l'unité réclament du temps. Comment nier que notre régime de droit commun en matière de justice répressive s'applique à des hommes qui n'ont pas les mêmes sentiments que nous sur le respect dû à la propriété, et dont la conception de la bonne foi ou de la dignité personnelle ne permettent guère de réunir d'utiles preuves légales ? Notre droit pénal, destiné à des civilisés, n'est pas plus en harmonie avec les mœurs indigènes que notre Code d'instruction criminelle, qui n'aurait jamais dû être appliqué. Vols ou razzias, crimes et vengeances privées, passions et vices forment l'héritage traditionnel qu'un peuple livré à lui-même ne saurait anéantir par la seule force de sa conscience.

Les règles de notre législation pénale qui imposent des devoirs réclament un degré de moralité et une semi-perfection que nous sommes loin d'atteindre.

En vérité nos exigences s'accommodaient mal avec l'état très imparfait d'un peuple aux instincts frustes. Les commissions disciplinaires suivaient une procédure sans lenteurs et autrement efficace, bien que ne donnant pas lieu à plus d'erreurs. Comme moyen de preuve n'aurait-on pu suivre le droit coutumier et prescrire le serment à la mosquée devant le muphti ou le cadi ? Ces faux témoignages qui se produisent couramment et paralysent la recherche de la vérité, se perpétueraient-ils aussi impudents si les indigènes ne se savaient assurés d'une impunité que leur valent les formalités compliquées de notre instruction criminelle ? A l'audience comme à l'instruction, le serment religieux prêté sur le coran suivant le rite traditionnel est le seul qui en impose à des hommes respectueux de leurs croyances. C'est l'unique garantie morale capable de lier la conscience des témoins et d'assurer leur sincérité. On ne soupçonne pas combien cette légère réforme faciliterait la répression, en aplanissant les difficultés auxquelles nous expose la duplicité indigène que ne peuvent déjouer les formules insuffisantes de notre intangible droit pénal.

Caïds, cadis et commissions disciplinaires arrivaient à mieux discerner la bonne et la mauvaise foi, mais notre Code qui ignore les traditions et les superstitions ne saurait par exemple autoriser le serment de sept membres d'une famille sur un tombeau

vénéré, après les prières solennelles. A ces indigènes
qui ne voient pas dans la prison une flétrissure, nous
continuons à infliger comme punition le régime péni-
tentiaire de la métropole, c'est-à-dire un lieu de repos
où les condamnés trouvent, sans travail, un bien-être
inconnu dans les tribus. C'est vraiment trop de phi-
lanthropie pour les malfaiteurs, quand nous ne sommes pas encore à même de protéger les honnêtes
gens.

Ce n'est pas non plus sans raisons que tous les justiciables se plaignent des vols commis par des bandes
organisées qui savent bien que les victimes n'ont
d'autre ressource que d'invoquer l'article 2280 du
Code civil. En effet la béchara, issue des traditions
musulmanes, se perpétue, tolérée par le régime civil,
impuissant à la réprimer. Cette béchara, sorte de
transaction entre la victime et les voleurs, constitue
un véritable chantage avec extorsion de fonds. Malgré l'indélicatesse de ce procédé frauduleux, nos colons et les indigènes le subissent sous l'œil des auto-
rités, parce que notre Code pénal, soit pour l'escro-
querie, soit pour la complicité de vol, exige des
caractères constitutifs que la béchara ne présente pas.
Voici les arguments juridiques qui obligent à consacrer cette iniquité. L'intermédiaire qui prête son
concours pour faire retrouver une chose moyennant
rétribution, l'associé des voleurs qui réclame et reçoit
des fonds pour faire restituer des bêtes soustraites,
passe une sorte d'arrangement avantageux pour la
victime, puisqu'elle obtient réparation d'une partie

du préjudice..... donc pas de culpabilité ! Il s'ensuit
que cette jurisprudence, fondée en droit, quoique
très immorale, encourage les vols de bestiaux, parce
que les bacheurs qui spéculent sur cette lacune de
notre législation se savent à l'abri des poursuites.

En matière forestière, désireux d'enrayer les des-
tructions imprévoyantes de ce peuple qui dévastait
les massifs boisés sans jamais replanter, nous avons
méconnu certains droits d'usage pour imposer l'ensemble des règlements de la métropole. Les rigueurs
de cette législation qui ne tenait compte ni des nécessités locales, ni des coutumes, causèrent un trouble qui se manifesta par des représailles : meurtres et
incendies. Tant d'abus, tant de vexations avaient été
commis sous l'empire de ce code Draconien, que
nous avons été amenés à reconnaître la légitimité de
la refonte d'un système contre lequel les indigènes
s'insurgeaient.

Notre organisation judiciaire en matière civile,
créée au détriment des cadis, a suivi un développement historique trop rapide. Une armée de fonctionnaires ou de mandataires vit aux dépens des justiciables musulmans, sans que cette assimilation hâtive
ait apporté plus de sûreté dans les affaires et plus de
rapidité dans le règlement des procès. Notre procédure lente et ruineuse, les officiers ministériels et
autres intermédiaires, dont le concours est prescrit en
raison des formalités que les indigènes ignorent, font
notre justice trop coûteuse. La compétence unique
des cadis en matière personnelle et mobilière devrait

être rétablie avec faculté d'appel devant les juges français.

En présence des indigènes, nous avons eu le tort de procéder avec des idées préconçues, alors que le système d'administration devait se résumer à tolérer l'ancienne organisation amendée, sans songer à tant innover.

Pour élever les forces d'un peuple, on doit lui assurer avant tout, une justice qui sauvegarde les droits de chacun. Parmi les grosses questions à résoudre, nous citons celle de la sécurité qui domine les autres et ne saurait être résolue sans la collaboration des cheiks, seuls agents connaissant bien les indigènes des tribus. Avec des pouvoirs qui leur manquent, leur autorité se rétablirait vite, ils aideraient pratiquement la justice dans la répression des crimes ou des délits et nous arriverions à prévenir leurs abus par une surveillance étroite. Des enquêtes sommaires, immédiates, permettant une sanction énergique par des commissions disciplinaires, amèneraient bientôt l'apaisement dans les douars, où les malfaiteurs seuls ne se plaignent ni de la déchéance infligée aux auxiliaires indigènes, ni de l'insuffisance de nos procédés de répression. Sans vouloir exagérer les multiples défectuosités de notre législation actuelle, que de modifications sont encore à signaler pour assurer le respect des contrats, la sécurité des transactions immobilières et la diffusion des capitaux dans les tribus !

Avant que de hâter l'assimilation qui ne se conçoit que dans l'avenir, il faut bien retenir que les indigènes ont toujours une véritable répugnance à se faire naturaliser. L'obtention de cette qualité de Français, qui devrait être une faveur exceptionnelle, n'a jamais été qu'un calcul et non une adhésion à nos principes. Chacun peut s'expliquer qu'ils recherchent sans empressement ce changement d'état qui exige la monogamie, la renonciation au statut personnel et au droit successoral musulman. Il est donc souverainement déplacé de songer pour les indigènes, non seulement au droit de suffrage politique, mais encore aux privilèges spéciaux qui leur sont octroyés dans les communes de plein exercice.

Cette société rudimentaire, étudiée dans ses variations, n'offre qu'une ébauche de l'association que nous voudrions réaliser. Pour justifier l'existence possible de cet assemblage d'êtres d'origines distinctes, nous avons déterminé ce qui les sépare et nous rechercherons le lien, conscient ou non, pouvant réunir les membres du groupe qui doit apparaître comme une réalité concrète.

La Rome du bas-Empire, le Portugal, la Hollande et l'Espagne ont appris à leurs dépens que l'exploitation à outrance des colonies était néfaste. L'Angleterre de nos jours a su comprendre l'utilité des ménagements substitués à la rapacité brutale.

De tels enseignements ne pouvaient que nous décider à imposer notre culture occidentale pour affranchir d'abord les indigènes de leurs préjugés. Avec un peuple de caractère particulier, nous ne songeons pas à atteindre la fusion étroite, tandis qu'une révo-

lution partielle à obtenir par les relations commerciales, par l'instruction professionnelle, par le travail en
commun, par l'amélioration des conditions d'existence et surtout à l'aide du temps n'est pas une espé-
rance téméraire.

L'œuvre d'épuration des mœurs est ébauchée, et si
les indigènes respectent toujours leurs coutumes,
c'est plus par habitude que par attachement irréductible. Chaque jour notre contact fait naître des
besoins nouveaux obligeant au travail une population qui entre en lutte pour arriver au bien-être.

Beaucoup d'esprits expérimentés et convaincus
tiennent le problème de l'assimilation pour insoluble.
Cette race passive serait condamnée à l'impuissance
par fatalité, sans que notre société puisse jamais
vaincre ses instincts héréditaires d'inertie. Cependant
l'Algérie était, il y a moins de 50 ans, un État barbare
et s'il ne faut de longtemps songer à l'émancipation,
il serait injuste de méconnaître ce que notre éducation a produit de changements dans la vie de ceux
qui n'ont pas été tenus hors de portée de notre influence. Comme moyen de comparaison, nous avons
les tribus marocaines de la frontière dont la condition misérable est restée ce qu'était celle des Algériens avant la conquête. Or ces tribus, récemment,
réclamaient leur annexion parce qu'elles ont sous les
yeux des exemples leur permettant d'apprécier les
avantages d'un pouvoir éclairé, même exercé par des
infidèles.

Par société Arabe nous comprenons un groupe

d'hommes régis par des institutions déplorables : la polygamie, l'avilissement de la femme, le fanatisme érigé en système, l'absolutisme dans le gouvernement, l'arbitraire et la prévarication dans la justice, la force primant toujours le droit. A un autre point de vue, les Français souvent victimes des instincts pillards de certains indigènes, généralisent, et les englobent tous dans une même réprobation ! N'est-ce pas un peu le propre de tous les conquérants d'affecter à l'égard des populations qu'ils ont soumises, leurs sentiments de partialité et de mépris.

Pourquoi méconnaître qu'un peuple opposé par la foi, par le langage et les instincts ne peut s'absorber et faire corps avec un autre, avant que d'avoir oublié et beaucoup appris ? Incontestablement le sens moral est moins développé chez les Musulmans, car si le vol, le meurtre et le viol constituent des crimes à leurs yeux, les coupables, même flétris par une condamnation, ne sont pas toujours mis à l'index. Cependant les affections paternelle, filiale et de famille, le sentiment de la pudeur, le respect de la propriété, la notion du juste et de l'injuste existent intenses pour la masse des fellahs, ce qui prouve que le droit naturel est entré dans leurs mœurs. En retour, notre conception réaliste de la vie sans pratiques religieuses les surprend, et nous pouvons comprendre qu'ils n'aient pas une sympathie excessive pour le peuple envahisseur qui détient le sol exproprié de leurs ancêtres.

Convenons sincèrement que, malgré les différences de principes et de tendances, la transformation n'est pas d'une difficulté insurmontable, pour des hommes ayant une organisation intellectuelle qui leur permet de lutter contre leur propre nature et de comprendre la loi morale. Nous n'avons pas, comme les Romains, la propagande religieuse pour opérer la conquête des idées ; notre tolérance ne réclame pas l'abandon des croyances. Avec la paix dans cette œuvre de conciliation nous apportons des desiderata communs : la sécurité, la protection des faibles, la probité, la justice et le sentiment de la solidarité humaine. Nos aspirations, proclamées hautement, visent l'émancipation par l'identité des intérêts.

Comme société supérieure, nous assumons des devoirs de tutelle à l'égard de ces hommes que nous ne saurions traiter en maîtres, jaloux de les garder sous notre dépendance. Autant pour les affranchir de plusieurs siècles d'isolement rétrograde, que pour développer des énergies latentes, nous devons nous faire initiateurs. La France, par ses institutions peut prendre une part dans la marche graduelle que l'initiative privée ou l'activité individuelle ne saurait poursuivre. L'État, dont les principales fonctions consistent toujours à gouverner et à mettre le sol en valeur, doit faire pénétrer nos idées et notre langue afin d'amener l'élément indigène, à comprendre les parties essentielles de nos progrès. Cette fédération algérienne ne pouvant naître du consentement parfait, ni de la volonté réfléchie des individus, il faut déterminer les liens sociaux qui leur permettront de s'entendre. La justice apparaît comme le principal rouage de l'organisation à ceux qui ne désespèrent pas du résultat et qui envisagent résolument les difficultés à vaincre pour accéder à l'unité.

Ce développement se serait mieux affirmé si nous avions su poursuivre une transformation rationnelle et non l'identification brusquée d'une race, aux mœurs encore rudes. Cinquante années d'occupation en Algérie, aux prises avec d'innombrables difficultés, nous ont valu certaine connaissance des hommes et des choses dont nous avons tiré profit. L'expérience de la Tunisie se présente comme un édifiant exemple des procédés d'administration efficaces pour établir le contact entre les Chrétiens et les Musulmans. Une méthode pratique a déterminé le bien-être rapide de ce pays où la colonisation, comme la fusion des rapports, suit un mouvement ascendant et continu.

Notre système Algérien se résume à importer nos lois métropolitaines souvent modifiées par de simples décrets : c'est l'annexion. Le régime de protectorat laisse au peuple soumis ses lois, sa religion, son administration indigène, sous réserve d'une surveillance que le vainqueur exerce dans le sens favorable à son objectif.

Dans la Régence qui comprend les mêmes contingents de population que l'Algérie, nous avons en présence deux souverainetés avec leurs juridictions propres, bien que la souveraineté du gouvernement Tunisien soit en réalité sous la dépendance de la nôtre qui a prédominance de par le protectorat. Le système d'administration se résume à ceci : Des contrôleurs civils Français exercent sur les Caïds la surveillance que le Résident exerce sur le Bey et sur les ministres. Les litiges Tunisiens sont jugés par les tribunaux musulmans réorganisés : driba, chara, ouzara. D'où il apparaît que la loi musulmane s'applique en principe aux indigènes avec compétence du tribunal Tunisien. L'exception c'est la compétence des tribunaux Français. Les juridictions Tunisiennes sont donc de droit commun.

Nos procédés actuels sont issus de la politique des Romains au regard des peuples inférieurs. Le rayonnement de leur civilisation comportait la pénétration par le contact et ils conservaient l'organisme légèrement amendé. Ce mode repris de nos jours n'est autre que le système du protectorat. Nous avons enfin compris qu'il fallait renoncer à créer de nouveaux sujets soumis à notre souveraineté directe. La méthode moderne est un moyen plus pratique de faire profiter la métropole des avantages de l'occupation. Tout en conservant au pays son individualité distincte, sans espérer l'amener à devenir partie intégrante de la patrie, on le fait entrer dans la sphère d'action de la puissance protectrice.

Tirer parti de l'organisme de l'État qui conserve la souveraineté intérieure avec quelques restrictions, c'est permettre à l'État tuteur de sauvegarder ses intérêts en assistant l'élément indigène dont on veut développer l'éducation économique. Le droit de contrôle sert surtout à orienter les institutions dans le sens des

réformes profitables au protecteur ; on utilise l'outillage administratif indigène, sous l'impulsion des gou-
vernants, dont l'action devient de plus en plus prépondérante. Les réformes sont ainsi acceptées sans
difficulté, parce qu'elles semblent émaner du Gouvernement traditionnel qui fonctionne toujours avec le
même ascendant aux yeux des populations.

Et cependant, nos nationaux en Tunisie où il y a peu
de fonctionnaires et pas de colonisation officielle, ont
trouvé plus d'indépendance, plus de facilité, plus de
ressources que dans les départements algériens métho-
diquement réglementés. Jusqu'à ce jour, le pays a su
résister à cette nostalgie de la symétrie qui pousse à
réclamer avec les libertés métropolitaines, le régime
électoral.

Tant que les colons Français de la Régence ne se
laisseront pas tenter par les idées de rattachement qui
font éclore les ambitions, la politique et les passions
néfastes dont l'Algérie a profondément souffert, le
mécanisme si simple du protectorat suffira à assurer
l'impulsion de notre entreprise.

C'est le gouvernement indirect par tutelle vigilante,
au lieu de l'annexion avec ses insurrections qui pro-
longent la conquête et les représailles sanglantes. Un
contrôle rigoureux amenant les agents indigènes à
une gestion intègre supprime les innovations brusques
et compliquées qui déroutent les populations. On
laisse à chaque réforme un caractère facultatif pour
la faire passer dans les habitudes avant que de l'imposer comme loi. La haute direction suffit à notre va-

nité puisqu'elle nous conserve le pouvoir effectif, malgré les concessions apparentes faites aux vaincus,
pour les amener à toujours croire qu'ils s'administrent
eux-mêmes. Au lieu d'humilier ce peuple Tunisien
qui accepte tout, passivement, nous avons créé une
intimité féconde qui en fait un auxiliaire du progrès.

Avant que de doter les orientaux de nos pratiques
routinières, cherchons à les comprendre. Attaquons
les abus tout en conservant la collaboration des agents
indigènes. L'autonomie du budget qui assume toutes
les charges sur ses propres revenus, n'est pas le moin-
dre avantage de cette Tunisie où la souplesse dans
l'exercice du pouvoir, jointe à l'unité de vues, sont
les meilleures garanties d'une politique justifiée par
ses tendances judicieuses.

CONCLUSIONS

Substituer des changements profonds dans le régime d'une population à peine soumise, doubler les
étapes, au lieu d'attendre l'action des années, n'a certes
pas été sans inconvénients sur la marche d'un peuple
qu'il ne fallait pas brusquer. Les Empereurs Romains
ont mis plus d'un siècle avant que de semer les germes d'une civilisation nouvelle, tandis que nos gouvernements divers, dans leur hâte à se distinguer par
des innovations, ont fait œuvre nuisible au progrès
qu'ils devaient préparer sans déconcerter les masses
indigènes. Nous avons procédé par bonds, de telle
sorte que des tribus dont la pacification définitive re-
monte à vingt-cinq ans, sont arrivées aujourd'hui sans
enchaînement au régime des communes de plein exercice! Elles jouissent de privilèges que les Occidentaux ont mis des siècles à conquérir. Il ne faut donc
pas se montrer surpris de l'affaiblissement de notre
ascendant sur les indigènes, qui va s'émoussant à mesure que nous appliquons intégralement des lois françaises qui ne s'accommodent pas du milieu. Prisonniers
de notre régime, ces Berbères peu malléables vivent
côte à côte avec les colons qu'ils jalousent. Cependant on croit que la conformité de leur vie publique
avec la nôtre constitue un rapprochement quand cette
prétendue civilisation, limitée au langage et aux dé-

tails de costume, n'est qu'une décadence manifeste de notre autorité morale.

L'Algérie encore mineure a besoin de plus de surveillance et de moins d'émancipation. Ce ne sont pas des institutions identiquement semblables à celles de la métropole qu'il faut à une vieille société rattachée encore au passé par mille préjugés. Et pourtant les indigènes, dont les mœurs sont celles de l'Europe avant la Renaissance, se trouvent avoir un régime se rapprochant de celui des Occidentaux du XIXe siècle.

Vouloir trop hâter le cours des événements c'est inévitablement provoquer un retard et parfois un recul qui comprommettent un développement mal réglé. Des esprits fort distingués prétendent que le droit commun et l'insécurité suivent un progrès parallèle ; ils soutiennent que nos institutions, après avoir amené la rupture d'équilibre, entretiennent un malaise toujours vivace au lieu de concilier pour le bien-être général des tendances contraires. La cause d'un état incohérent, dangereux, qui trouble les consciences, réside plus dans les règlements que dans le caractère des races en présence.

Pour préparer l'événement d'une vie plus haute et obtenir le concours effectif des indigènes, nous devons nous garder d'avoir des principes absolus qui ne se plient ni aux circonstances, ni aux époques. Chaque régime doit être approprié à une situation correspondante, quand on veut multiplier les formes de la virilité sociale et la rendre plus intense.

Ayant conscience de nos destinées, si nous nous élevons à la conception d'un rapprochement fécond, nous comprenons que, pour assurer l'harmonie des intérêts, le rôle des pouvoirs publics consiste à développer d'abord l'expansion des facultés productives. Lorsque les indigènes verront leurs terres produire de plus belles récoltes, cette première satisfaction des besoins économiques amènera spontanément un contact plus intime avec la classe dirigeante. Pour réaliser la conquête agricole et commerciale ; pour aboutir à une ère de réformes, répondant à des réalités, il convient en outre de s'inspirer des sentiments de solidarité humaine, ce qui revient à obéir à une pensée d'ordre économique dans laquelle entre aussi l'élément moral. L'assimilation graduelle des intérêts et des personnes se rapproche bien de l'idée que les nations modernes se sont faite de l'orientation à réaliser dans l'expansion coloniale.

Avec notre régime de droit commun, le juge de paix et l'administrateur se partagent une autorité fort affaiblie. Cette émancipation brusquée semble n'avoir pas convaincu les intéressés de nos visées bienfaisantes. L'affranchissement représente pour les mineurs livrés à eux-mêmes l'absence d'une force de direction ; ce qui, pour leur esprit simpliste, correspond à la licence proche de l'anarchie. Ils n'avaient que faire d'une administration compliquée et ce ne sont pas non plus des agents de services multiples qu'il fallait, mais uniquement un pouvoir autoritaire s'occupant des grandes lignes. Le gouvernement indirect des Romains par les chefs naturels des tribus était plus logique.

Pourquoi ne pas admettre la participation effective des chefs indigènes dans l'administration, après avoir reconstitué les djemâa de chaque douar avec une individualité propre ? Ces assemblées ont aujourd'hui un rôle trop effacé. Nous pourrions les appeler à donner d'une façon moins platonique leur avis dans les questions locales, même au besoin leur laisser le soin de mener certaines affaires avec les modalités et les simplifications exigées par le milieu.

Il serait bon de donner aux administrateurs partie des attributions dont jouissent les militaires. Des pouvoirs de police générale leur permettraient d'exercer une surveillance constante et de découvrir la plupart des malfaiteurs. Une répression rapide, sans exclure les garanties contre l'arbitraire, serait assurée par les commissions de canton et d'arrondissement, calquées sur les commissions disciplinaires qui existaient en territoire civil et que l'on retrouve, avec des droits restreints depuis 1874, en territoire militaire. Cette justice sévère et prompte implique un code spécial.

Nos essais à tirer parti de la situation, les prodigieux efforts dépensés pour activer la colonisation ont été néanmoins profitables dans une certaine mesure. Notre génération sans avoir trouvé le secret d'un système idéal sait discerner, grâce à l'expérience acquise, certains principes que nos institutions peuvent asseoir définitivement. L'action civilisatrice, pour être efficace, doit nécessairement s'attaquer à l'organisation sociale et porter sur les lois fondamentales.

L'indigène qui ne peut aujourd'hui acquérir et posséder, jouit de la plénitude de ses droits civils. Il profite de toutes les libertés compatibles avec nos privilèges. Nous ne saurions par exemple étendre notre tolérance aux sectes musulmanes qui nous sont hostiles et qui paralysent sur quelques points la lutte contre le fanatisme aveugle. En substituant les répressions prévues par notre Code pénal, nous avons aboli la peine du talion, la dia ou prix du sang et les peines corporelles barbares. De même, notre législation commerciale est intégralement appliquée en Algérie.

S'il est **exact** que ces innovations bien accueillies démontrent que les divergences d'origine et de religion ne sont pas un obstacle infranchissable, il est beaucoup d'autres dispositions législatives qui ont apporté des réformes sans suivre la phase de transition normale. Pour l'état civil indigène, et l'attribution d'un nom patronymique tendant à resserrer les liens du sang, nous dirons que la loi de 1882 a fixé une réglementation trop conforme à celle des Européens et cette atteinte aux coutumes familiales se traduit par l'indifférence et l'inertie. Saura-t-on comprendre que la naturalisation, dernier stade du rapprochement, offre trop de points de conflits pour être actuellement entrevue ?

S'il nous reste à asseoir la propriété foncière, gardons-nous d'appliquer nos lois sans y avoir apporté de nombreux tempéraments. Les indigènes, dans leur état actuel, ont encore besoin d'un traitement spécial ; aussi les procédés expéditifs et sommaires de la justice musulmane leur étaient-ils plus avantageux que les garanties procédurières de notre onéreuse justice. Les cadis, mieux que nos magistrats, sont en bonne situation pour connaître des questions de statut personnel trop intimement liées aux mœurs et à la foi religieuse. Le droit d'appel devant un tribunal constitue une sauvegarde suffisante contre la partialité ou l'indélicatesse des cadis.

Dans le but de franciser rapidement les hommes, on a parlé même de concéder aux indigènes des avantages politiques dont les Européens n'ont certes pas eu à se féliciter ! Parviendrons-nous à endiguer cette poussée d'assimilation sans préparation qui devient aussi désastreuse que l'abstention? Tenons-nous-en aux institutions qui répandent et font entrer dans les faits les principes du bien et du vrai. Repoussons ces droits nouveaux qui ne sont nullement désirés par les hommes dont les traditions arriérées n'excluent pas une égalité relative, quoiqu'elles assurent une liberté et une fraternité effectives.

Notre précipitation imprévoyante nous a fait briser l'organisation patriarcale pour lui substituer notre droit public et privé. Cette destruction de l'antique cohésion de la famille, qui était un frein pour les Orientaux, répond à notre recherche de l'uniformité. A un véritable collectivisme de tribu et au respect de l'aristocratie de grande tente nous avons opposé nos idées démocratiques ; aussi observons-nous que notre action s'affaiblit, que l'autorité s'effrite et que le Code pénal est impuissant. Non seulement nos lois ne sont plus le moteur efficace, mais elles n'assurent plus l'ordre public, parce que nous avons négligé de les approprier au degré de développement que ce peuple attardé occupe.

Nous sommes obligés de reconnaître l'absence d'un pouvoir fort, et nous avons peine à réprimer le brigandage qui va croissant parmi des populations trop vite livrées à l'indépendance. La conscience des devoirs de l'homme ne constitue qu'une retenue morale, sans influence sur la conduite de ceux qui ont besoin, longtemps encore, de suivre l'impulsion directrice d'une administration paternelle, mais ferme.

Si vraiment les instincts violents s'atténuent à mesure que disparaît l'ignorance, la lutte par l'instruction peut, seule, avoir raison des préjugés hostiles à notre entreprise. Sans qu'il soit question d'ouvrir de vastes horizons à la pensée, on comprendra que la fréquentation des Zaouïa qui comporte l'unique récitation rythmée de certains versets du Coran n'est pas très efficace pour accroître les connaissances et porter les idées dans une direction pratique plus féconde. Il y a donc lieu de dégager l'enfance de cet enseignement étroit, donné par des tolbas opposés à nos vues et de recruter dans les medersas un personnel acquis à la France. Cette conquête de la jeune génération, tandis que son cerveau est apte à recevoir l'empreinte de nos principes, sera peut-être le moyen de demain pour élever les indigènes jusqu'à nous.

La culture d'esprit peut même dépasser certaine moyenne chez les Orientaux, car nous voyons les Égyptiens modernes atteindre diverses connaissances absolument en rapport avec les données de la science Européenne. Cependant chaque jour nous sommes amenés à constater que nos essais n'ont eu aucune action heureuse. Non seulement l'influence bienfaisante de l'instruction demeure discutable, mais elle a provoqué force déceptions. L'instruction, dit-on, n'est pour les indigènes qu'un moyen d'arriver à un emploi ; elle éloigne de la terre et crée des déclassés. Les travaux intellectuels, alors qu'il n'y a pas de débouchés pour les élèves leur donnent des prétentions difficiles à satisfaire, et ils font naître des convoitises dont nous pourrions bien n'être plus les maîtres un jour. Détournés de la profession du père, nos élèves veulent aller à la ville où souvent ils tournent mal.

Nous restons néanmoins convaincu que ces épreuves ne seront pas concluantes, tant que nous n'aurons pas tenté patiemment, tout ce qui est humainement possible. Au lieu des programmes de la métropole et des méthodes primaires qui ne sont pas à la portée de ces intelligences frustes, appliquons un système d'enseignement agricole, en harmonie avec le pays et donnons une instruction professionnelle aboutissant à l'apprentissage d'un métier. L'étude du Français réduite à de simples exercices de langage, de sommaires notions d'histoire et de géographie destinées uniquement à donner aux indigènes une conception exacte de notre passé, de nos ressources économiques et militaires suffiraient.

L'éducation morale consisterait principalement à substituer des préoccupations de prévoyance aux habitudes d'insouciance qui constituent le principal obstacle à nos efforts. L'enseignement général de travaux rudimentaires, nos éléments d'agriculture avec l'expérimentation pratique de nos cultures, semis, assolements, taille, greffe, etc..., voilà ce qui peut être le véritable instrument de rénovation et d'influence. L'école ainsi comprise modifierait l'état d'esprit du peuple et lui inculquerait le moyen de mieux utiliser ses aptitudes. La masse apprendrait à améliorer son existence par le travail.

On prétend que toute l'organisation sociale des Musulmans est fondée sur les prescriptions du Coran, parole de Dieu qui pose les bases de la loi. Ce code du Prophète embrasse en effet le dogme, le culte et les règlements de la vie civile. C'est la source de toute science, de toute législation divine et humaine. Aucune distinction n'existe entre le spirituel et le temporel, Mahomet ayant voulu que les préceptes du culte puissent déterminer aussi les devoirs des Musulmans entre eux. Il en résulte que notre droit, fondé sur la raison et non basé sur la loi religieuse revélée, ne saurait être accepté par les indigènes.

Ces conclusions trop formelles font considérer la religion comme une barrière infranchissable, tandis que notre propre histoire apprend que les Français des diverses provinces, si unis aujourd'hui, n'étaient au XV° siècle, ni moins sectaires, ni moins fanatiques que les Musulmans modernes. Le christianisme, issu des Sémites comme l'islamisme, enseigne uniquement des préceptes d'une morale supérieure qui peut évoluer avec les progrès humains.

Au moyen-âge, nous n'avions pour tout droit civil que le droit canonique ou ecclésiastique, fondé sur les principes de la théologie chrétienne. Que sont devenues à notre contact certaines prescriptions de la loi Hébraïque en opposition avec notre droit ? Le Grand Conseil des rabbins sous le premier Empire, n'at-il pas purgé le Mosaïsme de tout ce qui entravait notre civilisation. De même le droit musulman qui est surtout l'œuvre des interprètes du Coran ne nous fera pas échec. Son texte concis ou ambigu peut donner lieu à bien des déductions différentes ; aussi en gardant du statut personnel ce qui dérive de la religion, nous pouvons appliquer les principes de notre droit civil, si nous respectons la liberté de conscience et la liberté des cultes. Les préceptes fondamentaux et non le droit musulman tout entier se trouvent dans le livre saint.

La loi civile fut créée notamment par Sidi Khelil qui groupa les maximes de droit privé contenues dans le Coran, tout en les combinant avec les traditions, les usages, les décisions des imans et les coutumes parfois empreintes de dispositions d'origine Romaine et Hébraïque. Le Coran n'est donc en réalité que la source du droit et les commentateurs réputés, tels qu'Abdelmalek, ont prouvé qu'il était susceptible de modifications. Les plus savants muphtis, du Caire à Tunis, ne pouvant se défendre de l'influence de l'esprit occidental, sans altérer les textes font entrer dans la législation des innovations empruntées aux codes étrangers. Les Khalifes, par leurs travaux, ont bien créé une doctrine qui semble être immuable, mais tout en respectant cette base, les jurisconsultes peuvent discuter les écrits des imans qui ne présentent pas un caractère sacré et n'ont d'autre valeur que celle résultant de l'autorité attachée aux consultations de maîtres érudits.

L'analyse des multiples divergences que l'on observe dans les principaux commentaires permet de respecter les principes primordiaux et d'amender les règles de la vie civile en faisant cadrer la loi musulmane avec nos idées.

D'après une fetoua du cheik Tsouli « Le magistrat doit suivre la loi de l'époque à laquelle il vit, parce que les décisions judiciaires subissent les fluctuations du temps. » Abou-Youssef, iman du rite Hanéfite, a dû modifier les questions de Habbous, contrairement à la doctrine primitive tirée du Coran. Ibn Fahroun dit dans sa *Tebsira* : « des changements ont dû être apportés aux lois en raison des nécessités du temps et des gens ; la jurisprudence les a consacrés. » Nous avons nous-mêmes, depuis moins de 50 ans, porté plus d'une atteinte à la loi musulmane dans un intérêt d'ordre public. Le décret de 1882 sur l'état civil indigène est une profonde dérogation à leur statut personnel ; nos règlements qui ont comblé des lacunes en matière de

propriété foncière n'étaient pas prévus par les commentateurs du Coran. Au sujet des biens Habbous,
immobilisés au profit de privilégiés, nous avons fait
fléchir une législation surannée qui interdisait les
transmissions et finissait par ruiner les familles. La
loi islamique ne contient aucune disposition relative
à la faillite, de même qu'elle ne crée pas un droit
d'appel. L'hypothèque, c'est-à-dire la sûreté réelle
sans nantissement, était inconnue en droit musulman,
mais nous avons tourné la loi puisque nos hypothèques judiciaires et conventionnelles peuvent s'appliquer à tous les immeubles.

De bons croyants, tels que les Kabyles, avaient
avant nous méconnu certains préceptes religieux
pour conserver des coutumes locales. Les plus imbus
de la foi du Prophète, lorsqu'ils se rendent à la Mec-
que pour conquérir le titre de hadj, violent le pré-
cepte suivant du Coran : « celui qui s'embarque deux
fois sur mer est un infidèle ». Que d'exemples nous
pourrions multiplier pour constater que le droit
musulman n'est nullement irréductible et qu'il n'a
pas cette rigidité inflexible qu'on lui attribue. On peut
élargir et réformer la loi civile quand elle n'est plus
à la hauteur des perfectionnements obtenus par l'activité humaine. Éliminer de la doctrine islamique, ce
qui blesse notre justice ou notre morale est une œuvre de rénovation que la conscience musulmane
accepte, quand la jurisprudence s'appuie sur certains
commentateurs pour donner aux textes une interprétation plus moderne.

Le respect de la religion et la crainte de la loi sont deux sentiments très vivaces chez les indigènes. Sans culture intellectuelle, ils n'ont pas comme la race dirigeante une morale qui règle leur conduite et leur permet de s'affranchir de la contrainte religieuse. Cette confiance dans le dogme peut être d'autant mieux utilisée que l'intolérance n'est pas la règle d'après un verset du Coran : « Ne violentez personne pour sa foi ». Toutes les institutions qui sembleront provenir de source sacrée seront admises, sans discussion, et c'est ainsi que se fera le travail préparatoire d'assimilation du droit musulman et du droit français, dans celles de leurs dispositions analogues qui autorisent un rapprochement.

En exceptant quelques règles condamnées par notre raison, nous pouvons laisser aux indigènes une législation que les commentateurs savent rendre très accommodante. Puisque les réformes jusqu'ici ont en général été docilement acceptées, introduisons un tempérament pour adoucir le passage d'un état légal exceptionnel à une condition proche du droit commun. Tous nos efforts doivent tendre à diriger la jurisprudence qui préparera un droit intermédiaire plus en harmonie avec un régime de transition. L'intérêt, la loi naturelle et le bon sens nous seront d'excellents leviers pour amener les indigènes à comprendre le véritable esprit des lois. Le Coran n'est pas en conflit direct avec nos idées de rénovation et le dogme religieux ne forme pas une barrière absolue. Fanatisme et ignorance, voilà les points sur lesquels nous devons préparer l'affranchissement, voilà les obstacles qui pèsent lourdement sur le moral de cette population.

A l'origine, le Coran a réformé les mœurs grossiè-res des Arabes adonnés au fétichisme. Le Dieu de Mahomet est celui de la Bible et de l'Evangile. Le Coran prêche la tempérance, le respect de l'autorité et le besoin de paix ; il proclame un Dieu unique, miséricordieux pour les justes. Le Coran a propagé beaucoup de grandes vérités morales ; l'aumône, le respect du serment sont pratiqués par les fidèles. Une tolérance éclairée envers cette religion serait donc à la fois une généreuse inspiration et un acte d'habile administration.

En Algérie, notre conduite à tenir envers les sujets musulmans que nous voulons pénétrer de nos idées par les institutions juridiques, se résume à se servir du Coran pour tirer de certaines analogies des con-clusions favorables, sans heurter les principes chers à cette société essentiellement attachée à son Dieu. Le plus puissant moteur pour l'indigène dérive de l'idéal religieux. Le développement de ce peuple au moyen âge, ses sacrifices, ses dévouements ont eu pour stimulant le bonheur futur promis aux croyants.

L'idée de patrie n'existe pas pour les Musulmans qui n'ont jamais connu d'autres principes d'action que la foi. Pour les amener à suivre nos conseils, il faut qu'à l'intérêt personnel nous associons un facteur d'ordre religieux, seul capable de susciter l'effort. Ce qui tient au côté sacré du culte même conserve la pu-reté de son type primitif, mais ce qui régit les rapports des personnes tend à se mouler sur les lois qui appartiennent au peuple dont la supériorité est flagrante.

Certes le problème n'a pas encore sa solution très proche et le contraste qui se remarque entre les citoyens et les sujets durera longtemps, mais l'esprit de ces derniers s'élargit et leur permettra de comprendre qu'ils ne peuvent rester isolés, et végéter par fatalisme, dans un milieu qui progresse.

Les Turcs, quoique musulmans fervents, n'ont pas vu un obstacle dans la législation coranique, lorsque des considérations supérieures les ont amenés à apporter certaines dérogations aux règles religieuses.

Nous avons dit que le Coran se prêtant aux interprétations des légistes, autorisait souvent des décisions en rapport avec l'esprit de la loi française, dont l'influence se retrouve facilement dans la jurisprudence. Prenons un exemple. D'après les écoles malékite et hanéfite la gestation de la femme pouvait durer des années. Cependant, les cadis, à l'instar des juges de paix français statuant au Musulman, se conforment à notre droit civil et n'admettent plus la légitimité d'un enfant né après le 300° jour.

Il se fait ainsi sur bien des points une semi-transaction par le contact. Notre statut réel peut de même se fusionner facilement avec celui des Musulmans. Notre régime foncier ne diffère pas sensiblement du système connu des Kabyles et des Berbères du Tell, qui depuis longtemps ont renoncé à la propriété collective.

Aprèsavoir exposé le mal, nous croyons définir le

remède en préconisant quelques règles conformes aux principes que nous développons, dans l'espoir qu'une idée, infime peut-être, semblera digne d'examen. Avant tout, ne plus imposer les textes mêmes de nos codes et se borner à faire prévaloir l'esprit de leurs dispositions ; maintenir le statut personnel et toutes les matières relatives aux successions sans porter atteinte au dogme qui régit les consciences ; répandre notre enseignement et nos vues à l'aide des cadis formés dans nos médersas.

Jadis les Medjelès statuaient sur les difficultés d'interprétation des textes ; aujourd'hui la chambre des appels en révision, par son action régulatrice, supprime les incertitudes et facilite l'uniformité de jurisprudence musulmane. Les juges qui appliquent la loi islamique en tenant compte des améliorations puisées dans nos codes, préparent la fusion des deux droits. Ils arrivent à créer des analogies qui permettront de doter le pays d'un code officiel du droit et des coutumes d'Algérie. Ayant mis en lumière l'esprit et la lettre du Coran, nous avons les éléments rationnels d'une législation spéciale que réclame notre colonie.

Pour tendre à rapprocher la population indigène de notre unité nationale, le droit civil, règle permanente des rapports des hommes, constitue un lien social par excellence. La pensée d'islamiser le droit moderne hante depuis longtemps l'esprit des magistrats, qui dans l'interprétation des textes, peuvent s'inspirer de leurs tendances propres. Cette œuvre d'association par la justice réclame une longue période d'incubation, car nous ignorons encore dans quelle mesure nous devons combiner le droit musulman avec les nécessités de notre action politique, pour déterminer une solidarité féconde.

Le rôle utile des tribunaux consiste à mettre en relief les principes du Coran, susceptibles de se prêter aux amendements, de manière à former un trait d'union entre les deux droits. L'œuvre ne consiste pas à édicter un code, dont la formule ne saurait être dégagée que dans l'avenir, après de multiples observations concordantes. Les épreuves de chaque jour finissant par asseoir une jurisprudence pratique, inspirée des principes du droit international, peu à peu, sous l'impulsion de nos magistrats, les deux législations se concilieront en une doctrine intermédiaire qui deviendra la base d'un véritable droit prétorien.

L'ère de paix que nous traversons doit réaliser une victoire plus durable que les succès de guerre. Considérez le chemin fait depuis vingt ans par les indigènes, le mépris farouche du Roumi n'existe plus, l'hostilité religieuse est devenue indifférence. Les éléments de la civilisation occidentale pénètrent leur vie matérielle et morale puisqu'ils nous confient leurs terres et leur argent. Nous n'avons qu'à resserrer les liens qui nous unissent et leur confiance une fois gagnée, nous obtiendrons le concours de ces insouciants dont on peut stimuler l'activité, en éveillant de nouveaux goûts.

Tout d'abord ce qui frappe, c'est le contraste qui

existe entre l'Européen, poussé par une force continue, et l'indigène qui oppose une indolence passive.
Cette tendance à rester stationnaires est propre aux
Orientaux qui subissent à regret, l'ascendant d'une
influence réformatrice. De leur état de décadence,
il ne faut pas déduire qu'ils sont fermés à toute élévation morale. Sans les croire susceptibles d'atteindre un très haut degré de culture dans les sciences
ou dans les arts, ils ne dédaignent pas notre bien-être,
et ils contractent des habitudes qui les portent à plus
travailler, parce qu'ils ont plus de tentations. Il entre
précisément dans la mission d'un gouvernement civil de familiariser les indigènes avec la vie européenne et de leur faire accepter les premières notions d'ordre social. Prendre parti pour leurs intérêts,
quand ces intérêts sont conformes à l'équité, ce n'est
pas de la pitié sentimentale, mais c'est bien une politique libérale, sensée et pratique.

N'est-il pas vrai qu'à aucune époque, depuis plus
de dix siècles, ce peuple n'a joui d'une condition
semblable à celle que nous lui avons faite. Nous ne
sommes plus au temps où les conquêtes étaient
entreprises pour répandre une foi ; le besoin de propager une croyance ne nous tourmente pas. Nous
n'avons pas non plus recours aux procédés de destruction suivis par les Turcs. Notre domination bienveillante a introduit un état meilleur et stable, en
améliorant les moyens d'existence d'une race essentiellement agricole. Nous laissons libre cours au jeu
des intérêts privés ; les salaires sont plus élevés, les

fellahs avec la plus entière indépendance sont à même de vendre ou d'acheter la terre, véritable source de richesse.

Nous demandons la régénération de l'indigène agriculteur qui peut contribuer à la prospérité du pays. Sans la main-d'œuvre, même imparfaite qu'il fournit, notre œuvre serait stérile. Son rôle en Algérie devient prépondérant, car il est le véritable producteur du bétail et des céréales que nous exportons. Nous avons, il est vrai, créé une situation économique dont il profite le premier. L'orge, dont le prix était de 4 francs vaut maintenant 15 francs et l'Arabe vend près de 100 francs le bœuf qui coûtait 20 francs à l'époque de notre établissement. La même hausse s'observe sur la majeure partie des denrées depuis que le nombre des consommateurs augmente, et surtout depuis que la France s'approvisionne sur les marchés du Nord de l'Afrique.

L'emploi intelligent de la population indigène, qu'il est prévoyant de contraindre à une activité soutenue, est assurément le mode le plus fécond pour tirer parti des milliers d'hectares encore incultes. Ce moyen s'allie nécessairement à la garantie de la propriété et à l'échange facile des produits. La création d'un État riche : le Tell comme les plaines de la Seybouse et de la Mitidja, couvert de récoltes luxuriantes, sera le plus puissant facteur de l'assimilation, parce que l'esprit de solidarité suit la progression des intérêts vitaux. Pour s'assouplir aux nécessités nouvelles, les réformes devront être modelées sur l'état des esprits. Chaque génération, malgré la rigueur de ses coutumes, obéit à une force latente qui par transitions insensibles, imposera des avantages durables, tels que le perfectionnement de l'agriculture et l'ouverture de nouveaux débouchés.

Quand on a connu le droit à une justice égale, après avoir goûté une indépendance relative et certaines facilités d'existence, les restes du régime originaire s'effacent et des désirs autres remplacent les premiers désirs satisfaits. Par divers côtés, on se rapproche du système perfectionné, apporté par l'étranger, et du peuple civilisé dont on envie la condition, on s'efforce d'acquérir l'organisation plus parfaite. Peu à peu, les concessions mettent en relief la communauté des intérêts qui fait accepter par tous, la nécessité d'une législation forte et protectrice. Ces développements, il est vrai, demandent d'abord la stabilité du régime gouvernemental, garantie par des pouvoirs de longue durée. Si nous évoquons l'histoire, nous voyons que les peuples subjugués, ont cédé à l'impulsion de ceux qui apportaient un système social plus propre à satisfaire aux besoins existants, et aux besoins nés du contact de la race mieux armée contre les difficultés de la vie. La loi qui dévoile ses effets salutaires à des hommes n'ayant pas une idée exacte de ce que peut être la civilisation, devient le régulateur qui tempère et fait percevoir à des esprits frustes, les notions d'une morale jusque-là ignorée.

Obtenir d'une espèce inférieure, la capacité de

concevoir et de sentir comme une nation cultivée, n'est donc pas une utopie. Des êtres humains quoique dissemblables, après une existence côte à côte, soumis à une législation que graduellement l'on s'efforce de rendre uniforme, peuvent après quelques générations, atteindre une cohésion d'autant plus marquée qu'ils ont eu le temps d'oublier.

C'est la force même d'une bonne législation que de réduire les obstacles et de souder les liens des peuples d'origines distinctes, pour les unir en une société participant à la même vie politique. Dépouillées d'un formalisme suranné, les règles nouvelles moins étroites et plus souples, doivent être surtout susceptibles de s'adapter au temps et au milieu. Des lois, comme un réseau, groupant tous les habitants pour les façonner et, comme une élite, le peuple maître gardant l'hégémonie pour inspirer l'attachement et fortifier le principe national : tel est le but.

Cette réalisation a pu être entrevue comme un rêve illusoire, parce qu'elle semblait impliquer la fusion de la race qui résiste, dans la nation qui absorbe. Mais la simple persistance, sans hâte téméraire vers un même terme, en raison des goûts développés et des habitudes prises, fera atteindre une assimilation encore à l'état d'ébauche pour longtemps. Avant que d'imposer des usages communs à des groupes d'hommes aux instincts et au caractère absolument tranchés, des périodes d'années, il est vrai, s'ajouteront à d'autres.

Après des fortunes diverses, courbés sous le des-

potisme des Arabes et des Turcs, les Berbères, depuis
des siècles, vivaient misérables, quand nous avons
occupé cette terre africaine. Les exploits légendaires
de notre conquête firent naître d'abord la haine que
les vaincus portent toujours aux envahisseurs. L'oppression irritante des débuts entretenait l'antago
nisme et la résistance. Graduellement les préventions
et les susceptibilités s'émoussèrent, par la tendance
que ce peuple de deux millions d'âmes éprouvait à
s'ouvrir aux inspirations occidentales.

En vertu de cette force irrésistible qui fait que deux
agglomérations humaines s'attirent et s'incorporent,
quand le contact a developpé des aspirations conformes, les indigènes déjà se prêtent aux révolutions
dans leur manière de penser et de sentir. N'ayant plus
les préoccupations de guerre, de luttes intestines ou
de sécurité qui pesaient lourdement sur leur existence, ces populations sont devenues hésitantes. Leur
trouble profond est né surtout des transformations et
des perfectionnements dont elles sont témoins. Un
tel état d'esprit, qui précède et prépare la régénération
d'une race indécise, ayant comme le pressentiment de
l'avenir, nous permet d'accentuer l'impulsion.

Nous ne saurions laisser souffrir cette société indigène qui s'étiole misérablement. Exploiter sa détresse
et la tenir en dehors du progrès au lieu de la faire
rompre avec ses préjugés, ce serait créer un danger
public. Nous dirons même, pour donner plus de relief
à notre pensée, que ce serait échapper par une honte
aux obligations que l'élément supérieur assume. Cette

lutte du droit des êtres à une condition meilleure, se concilie bien d'ailleurs avec les principes humanitaires de la France. L'esprit nouveau d'absorption méthodique procède de visées généreuses qui répudient les doctrines exclusivistes et dominent nos actes comme une loi. A moins que de déchoir et de compromettre notre prestige, nous devons chercher à traduire notre volonté, en ébauchant l'éducation morale et économique de peuplades encore mineures.

Si les difficultés principales d'un rapprochement sont en raison directe des distinctions d'origine, on ne saurait méconnaître la similitude et les liens ataviques qui existent entre les éléments Berbères et Européens. L'affinité de race quoique bien faible en apparence s'observe même dans les groupes où le sang arabe s'est plus fortement infiltré. Cette parenté séculaire permet d'envisager la réunion de deux tronçons d'une masse ethnique qui semble former actuellement une agrégation hétérogène.

Notre expansion n'a pas un but exclusivement commercial conforme au système des Phéniciens. Notre entreprise procède plutôt de la conception coloniale Romaine. Un sentiment de devoir moral envers l'élément indigène s'allie à notre intérêt, qui doit nous faire ménager une main-d'œuvre utile, productrice des matières premières que nous exportons en retour de nos objets manufacturés. Nous nous préoccupons aussi d'attirer et de faire vivre un groupe social formé d'éléments européens qui se fixent sur le territoire habité par les indigènes. Notre établissement répond assez à ce point de vue, au type de la colonie de peuplement, mais il est plus juste de le classer dans la catégorie des colonies mixtes dont il réalise les caractères.

A la suite de relations permanentes, au !lieu des seules classes éclairées qui nous suivent, nous nous rattacherons tout le corps social indigène en faisant naître l'idée de notre supériorité. La communauté des institutions et l'effort opiniâtre vers l'affranchissement créent des convoitises et un état moral favorable à la solidarité des aspirations. Tant de voies distinctes peuvent s'ouvrir, tant de branches dans l'application des aptitudes humaines peuvent résulter d'un essor persévérant donné aux instincts natifs de ce peuple ! Dégagés d'une étreinte qui les paralyse, les Berbères ne resteront pas voués à un effacement inexorable. L'activité que nous consacrons à cette entreprise féconde fusionnera les intérêts, en créant une étape naturelle à l'amélioration de leur état social.

Quoi qu'il advienne de l'œuvre de diffusion que nous avons abordée, tout d'abord en prenant soin d'éviter la symétrie et l'uniformité absolues, nous pouvons chercher la forme du régime, prudemment équilibré, qui conviendrait, durant la période de transition, à cette fédération de Berbères islamisés.

Si nous parvenons à inspirer l'attachement à ces humbles qui sont des primitifs dotés de vitalité et non des créatures réfractaires, nous assurerons par leur relèvement le triomphe d'une louable sollicitude. Au souffle pénétrant d'une contrainte progressive, résultant du libre effort de tous et de l'impulsion du pouvoir central, ceux qui se complaisent encore dans l'immuable ignorance des premiers âges, évolueront comme tous les êtres doués de vie, suivant la loi suprême de la nature.

Après avoir fait naître chez eux la consolante intuition de l'entente qui résulterait d'un rapprochement plus intime, nous léguerons à d'autres générations le soin de réaliser notre idéal d'assimilation, et dans ce rôle d'éducateurs qui grandit les vainqueurs, nous aurons maintenu les traditions de la France libératrice.

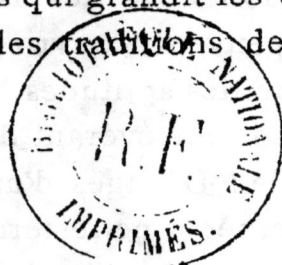

INDEX BIBLIOGRAPHIQUE

Sautayra. — Le statut personnel musulman.

Robe. — Jurisprudence algérienne et lois de la propriété.

Zeys. — Droit musulman.

Hannotaux. — Coutumes kabyles.

Estoublon. — Cours de législation coloniale.

Leseur. — Cours de législation coloniale.

Tilloy. — Répertoire de jurisprudence.

Pensa. — La commission sénatoriale en Algérie.

Eon. — Les indigènes devant la juridiction répressive.

de Leyritz. — La sécurité et la justice répressive.

Garot. — De l'assimilation des institutions de l'Algérie.

Bourouillou. — De l'origine des institutions municipales en Algérie.

Mercier. — Histoire de l'Afrique septentrionale.

— La population indigène de l'Afrique.

— La propriété foncière musulmane.

Boissier. — L'Afrique romaine.

Toutain. — Colonisation romaine.

Dupont-Vitte. — L'individu et l'Etat.

J. Alaux. — La question algérienne.

de Preville. — Les sociétés africaines.

Bouillé. — Application du droit civil.

X... — Les communes mixtes et le gouvernement des indigènes.

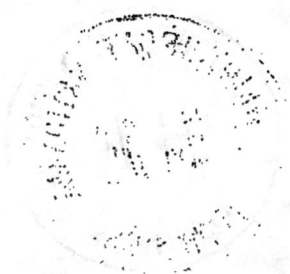

TABLE DES MATIÈRES

Imp. J. Thevenot, Saint-Dizier (Haute-Marne).